Fernando Azevedo
Maria da Graça Sardinha
Paulo Osório
(Coord.)

Ensino do Português
Do Jardim ao Primeiro Ciclo

Práticas em sala de Aula

Fernando Azevedo
Maria da Graça Sardinha
Paulo Osório
(Coord.)

Ensino do Português
Do Jardim ao Primeiro Ciclo

Práticas em Sala de Aula

Braga
Centro de Investigação em Estudos da Criança
Instituto de Educação
Universidade do Minho

Título:	**Ensino do Português. Do Jardim ao Primeiro Ciclo. Práticas em Sala de Aula**
Coordenação:	Fernando Azevedo, Maria da Graça Sardinha, Paulo Osório
Capa:	© yanlev - Fotolia.com
Edição:	Centro de Investigação em Estudos da Criança, Instituto de Educação, Universidade do Minho Braga (Portugal) http://www.ciec-uminho.org/
ISBN:	978-972-8952-39-6
Depósito legal:	401993/15
Data:	2015

Índice

Introdução
Fernando Azevedo
Maria da Graça Sardinha
Paulo Osório
1

Um
Poder e Desejo em Textos Matriciais da Literatura Infantil
Fernando Azevedo
3

Dois
A importância dos suportes tradicionais de narração para a formação de leitores. Exemplo de uma proposta didática
António Pais
23

Três
Práticas na sala de aula
Proposta de planificação para a formação de leitores
Maria da Graça Sardinha
37

Quatro
Os Livros de Literatura Infantil: Como fazer?
Maria Laura Fino
47

Cinco
**Educação Literária na Educação Infantil:
Porquê e Para quê?**
*Luzia Enéas
Fernando Azevedo*
53

Seis
A Emergência da Leitura no Jardim-de-Infância
João Serra Machado
61

Sete
**Representações dos Educadores de Infância acerca do Ensino
da Língua Portuguesa na Educação Pré-Escolar**
*Maria Teresa Gadanho de Oliveira e Félix
Paulo Osório*
69

Organizadores

Fernando Azevedo é docente na Universidade do Minho, no Departamento de Estudos Integrados em Literacia, Didática e Supervisão. A sua investigação centra-se na Formação de Leitores e na Literatura Infantil. É investigador do Centro de Investigação em Estudos da Criança (CIEC).

Maria da Graça Sardinha é docente na Universidade da Beira Interior, no Departamento de Letras. A sua investigação centra-se na Formação de Professores, mais particularmente nas áreas da Leitura, da Literacia e das Metodologias. É investigadora do LabCom.IFP

Paulo Osório é docente na Universidade da Beira Interior, no Departamento de Letras. A sua investigação centra-se nas áreas da Linguística Teórica e da Linguística Aplicada ao Ensino de Línguas. É investigador do LabCom.IFP

Introdução

A obra que ora se publica engloba, na sua conjuntura, uma panóplia de textos dirigidos a todos aqueles que se interessam pelo ensino-aprendizagem das crianças nos primeiros tempos de escolaridade. Os textos que integram este livro resultam de pesquisas várias que abarcam quer a emergência em escrita e leitura, quer o desenvolvimento da língua portuguesa, quer a presença de textos de literatura infantil.

De facto, tendo o ensino da língua portuguesa como polo e matriz, os docentes e mediadores podem, a partir das sugestões apresentadas, promover autênticos ambientes de aprendizagem inscritos em didáticas não convencionais, onde o lúdico se afirma, proporcionando às crianças desenvolver sensibilidades várias.

No primeiro capítulo, Fernando Azevedo indentifica um conjunto de textos que, pelo seu valor simbólico, social, cultural, antropológico, humanístico e axiológico, fazem parte do património da comunidade.

No segundo capítulo, António Pais valida a importância da didática enquanto suporte para metodologias mais atuais, interatuando com o recurso à literatura fantástica enquanto promotora da integração social das crianças, socorrendo-se da obra de Eduardo Agualusa.

No terceiro capítulo, Maria da Graça Sardinha aponta o desenvolvimento de sensibilidades várias, onde as práticas de participação textual detêm uma importância fundamental. A autora defende que deve ser dada a oportunidade às crianças de participarem ativamente nos textos e simultaneamente potenciarem as aprendizagens de que já são portadoras.

No quarto capítulo, Maria Laura Fino apresenta um conjunto de propostas de como fazer na senda de que é possível aprender fazendo. A autora desenvolve novos olhares de descobertas através dos cinco sentidos.

No quinto capítulo, Luzia Enéas e Fernando Azevedo, a partir de dois álbuns narrativos publicados no Brasil, abordam questões subjetivas e existenciais da condição humana. Os autores sublinham que a literatura infantil pode ajudar a criança na construção da sua identidade e na compreensão do Outro, ao possibilitar despertar para o imaginário das emoções.

No sexto capítulo, João Serra Machado, aludindo aos documentos normativos, invoca o papel das famílias que, em colaboração com a escola, devem ajudar a formar leitores.

No último capítulo, Maria Teresa Gadanho de Oliveira e Félix e Paulo Osório realizam um conjunto de entrevistas aos educadores de infância, a fim de conhecerem perceções e práticas do ensino da Língua Portuguesa na educação pré-escolar, tentando a melhoria das práticas.

No seu conjunto, todos os textos apresentam facetas plurais sobre o ensino da língua portuguesa, a par de outras linguagens, buscando, na sua desconstrução, novos caminhos e novas descobertas susceptíveis de fertilizarem as práticas pedagógicas.

CIEC, Instituto de Educação, Universidade do Minho, 2015
Fernando Azevedo
Maria da Graça Sardinha
Paulo Osório

Capítulo 1

Poder e Desejo em Textos Matriciais da Literatura Infantil [1]

Fernando Azevedo
CIEC, Universidade do Minho

A literatura infantil constitui um objeto fundamental para o próprio conhecimento do homem, da sua cultura e sistemas ideológicos, bem como para a criação de hábitos de interação cultural fruitivos e passíveis de se desenvolverem ao longo da vida.

Ora, no conjunto dos textos que fazem parte do seu património, existem alguns que, pela sua singularidade, pela sua capacidade de gerarem novos textos, pela sua natureza de *talismã* para as gerações do passado e do presente, se afiguram como matriciais no sentido em que irradiadores de temas, de imagens e de motivos. Estes textos, cuja relevância em termos sociais, culturais, antropológicos, humanísticos e psicológicos tem sido

---

[1] *Este trabalho foi financiado por Fundos Nacionais através da FCT (Fundação para a Ciência e a Tecnologia) no âmbito do projeto* UID/CED/00317/2013
Azevedo, F. (2015). Poder e Desejo em Textos Matriciais da Literatura Infantil. In F. Azevedo, M. G. Sardinha e P. Osório (Coord.), *Ensino do Português. Do Jardim ao Primeiro Ciclo. Práticas em Sala de Aula.* (pp. 3-22). Braga: Centro de Investigação em Estudos da Criança / Instituto de Educação. ISBN: 978-972-8952-39-6.

unanimemente reconhecida, são usualmente designados como *clássicos* da literatura infantil.

Ítalo Calvino (1994: 7-13) considera que clássicos são todas aquelas obras às quais as comunidades interpretativas reconheceram valor, relevância e legitimidade, sob múltiplos prismas, ao ponto de as mesmas necessariamente fazerem parte do pecúlio informativo e cultural dos seus leitores e de, por essa via, atraírem um grande número de metatextos de âmbito crítico. Os clássicos são, além disso, aquelas obras de que se diz que se anda a ler, isto é, de cuja leitura não é possível prescindir, ou, pelo menos, testemunhar publicamente que não se conhece, sob pena de uma exclusão simbólica das práticas culturais que, num período de tempo alargado, definem e caracterizam as sociedades. Neste sentido, os clássicos impõem-se como inesquecíveis, e trazendo, muitas vezes, impressa a marca de outras leituras já realizadas anteriormente, constituem uma riqueza para quem os leu e os amou. Porém, como pertinentemente sublinha o mesmo autor, "toda a releitura de um clássico é uma leitura de descoberta como a primeira" (Calvino, 1994: 9), já que a sua pluri-isotopia potencial é exponencialmente muito mais elevada do que noutro tipo de obras.

A noção de clássico comporta uma capacidade de atração de um grande número de leitores, podendo aproximar-se da noção de *best-seller*, mas também uma capacidade de nunca esgotar as suas interpretações possíveis, remetendo esta definição para o princípio da novidade semiótica e para a noção de estranhamento que carateriza a obra literária, na perspectiva dos Formalistas Russos.

Vicenç Pagès Jordà (2006: 27) acrescenta a estas definições uma outra particularmente pertinente no caso dos clássicos da literatura juvenil: a sua capacidade exponencialmente geradora de outros textos, de variantes, de reescritas e de recriações, precisamente porque entendidos como modelos memoráveis.²

Também Alexandra Zervou (2003: 54) remete para o conceito de clássico os atributos de popularidade e de receção fácil e coletiva. Hans-Heino Ewers (2009: 133) acrescenta mais um aspeto de grande pertinência: as obras clássicas são reconhecidas e valorizadas por si e só secundariamente associadas a um autor.

Na opinião de Emílio Lledó (2002: 15), a designação clássico remete o leitor imediatamente para uma chamada de atenção para que desperte das rotinas de um quotidiano massificado, aprendendo a escutar a voz daquilo que é essencial e eternamente atemporal:

> el carácter modélico de los clásicos, capaces de superar el tiempo y de sobrenadar a todas las interpretaciones que sobre ellos se haga, consiste, precisamente, en hacer vivir, en incorporarse, desde la inalterable página de la escritura que la sostiene, al latido del corazón de cada lector.

Perry Nodelman & Mavis Reimer (2003: 248) apontam uma caraterística fundamental das obras clássicas: o seu conhecimento permite que o leitor faça efetivamente parte de uma comunidade interpretativa; o seu desconhecimento impede ou, pelo menos, bloqueia gravemente a possibilidade de comunicação.

Não vamos, neste capítulo, abordar, com detalhe, os critérios para a dilucidação de uma obra clássica. Em primeiro

---

² Daniel Nahum (1992: 30) sublinha que, no caso da obra *Pinóquio*, foram múltiplas as adaptações a que o texto original de Collodi deu lugar, originando variantes significativas no desenvolvimento da diegese, as quais, em alguns casos, alteraram significativamente a sua estrutura profunda, criando uma espécie de subtexto substancialmente afastado da versão original.

lugar, porque não tal é uma tarefa fácil, dadas as numerosas implicações de natureza social, cultural e ideológica. Em segundo lugar, porque a pertença ou não dos textos a este *corpus* tem variado diacronicamente e depende muito das valorações que as comunidades interpretativas sincronicamente existentes atribuem aos textos e aos autores[3]. E além disso, não podemos esquecer as sábias palavras de René Étiemble (1977) acerca da designação de clássico universal: segundo este autor, esta designação surge normalmente contaminada por determinados prejuízos, condicionantes ou limitações de natureza ideológica, cultural e/ou linguística. Embora não o assumindo explicitamente, esta parece ser também a posição de Alison Lurie (2004). De facto, a investigadora sublinha, no prólogo da sua obra *Niños y Niñas Eternamente. Los Clásicos Infantiles desde Cenicienta hasta Harry Potter* (Lurie, 2004: 11-19), que a maior parte das obras hoje consideradas clássicas são de língua inglesa e aponta, como explicação para esse fato, a existência, tanto em Inglaterra como nos Estados Unidos, de um grande número de pessoas que amam a infância e, em larga medida, recusam a racionalidade e o amadurecimento próprios de uma outra etapa da vida. Se estes argumentos são aqui chamados à colação, não o são para que acerca deles efetuemos qualquer juízo de valor, mas tão-somente porque eles denotam que, subjacente à seleção de uma obra para a sua inclusão num cânone, existe também uma componente fortemente ideológica, que, por exemplo, no caso de Harold Bloom (2002), é explicitamente assumida.

---

[3] A este respeito, José António Gomes (2007: 238) pergunta quais serão os jovens portugueses que atualmente lêem *As Aventuras de Huckleberry Finn* ou *As Aventuras de Tom Sawyer*. O mesmo autor apresenta, no seu artigo, uma possível selecção dos "clássicos" da literatura portuguesa para a infância e juventude.

Neste sentido, ao longo deste capítulo, limitar-nos-emos a considerar como clássicos ou textos matriciais da literatura infantil aqueles textos que as comunidades interpretativas definiram como tal e que são publicamente assumidos sob essa designação, por exemplo, em coletâneas, guias de leitura, coleções ou seleções textuais comercialmente editadas. Mantemos sempre o princípio de que esta designação não é universal, mas culturalmente dependente, no sentido em que variável de cultura para cultura e de comunidade interpretativa para comunidade interpretativa. Acrescentaremos apenas que a inclusão de um texto no seu *corpus* deriva, entre outros, dos seguintes critérios:

- A fama e o reconhecimento da obra pelas comunidades interpretativas, o que implica a sua pertença à cultura das crianças e dos jovens.
- A possibilidade de transposição da obra para outros suportes semióticos, nomeadamente o suporte televisivo ou cinematográfico.
- O contexto histórico, cultural e linguístico em que nos situamos, já que as seleções não se revelam homogéneas na identificação dos clássicos.
- Critérios de ordem subjetiva, ligados, muitas vezes, às experiências pessoais de leitura.

Ângelo Nobile (1992), por exemplo, na sua obra consagrada à dilucidação do conceito de literatura juvenil e à análise de algumas das suas obras maiores, considera que autores como Hans C. Andersen (1805-1872), Carlo Lorenzini (1826-1890), utilizando o pseudónimo de Collodi, Charles Dodgson (1832-1898), também conhecido por Lewis Carroll, Edmondo de Amicis (1846-1908) ou Jules Verne (1828-1908) constituem alguns dos autores reconhecidamente clássicos da literatura juvenil.

Betsy Hearne & Deborah Stevenson (2000: 195-197) consideram que os clássicos correspondem àquelas obras de literatura infantil (e juvenil) que, tendo sido amadas pelos adultos, que as partilham intencionalmente com as crianças, são, por estas, reconhecidas como intrinsecamente pertencentes à sua vida.

A conhecida escritora Ana Maria Machado (2002: 111-128) refere que, a par das obras clássicas, escritas para leitores adultos e experientes, mas de que os leitores jovens se apropriaram integralmente ou de algumas das suas versões abreviadas (*A Ilíada* e *A Odisseia*, de Homero; alguns relatos da Bíblia; as lendas do *Rei Artur e dos Cavaleiros da Távola Redonda*; *A Canção de Rolando*; o *Dom Quixote de La Mancha*; os relatos das *Mil e Uma Noites*; *As Viagens de Gulliver*, de J. Swift; *Robinson Crusoé*, de Daniel Defoe; *Romeu e Julieta*, de Shakespeare; os chamados contos de fadas; histórias de navegações marítimas; *A Ilha do Tesouro*, de R. L. Stevenson; *Vinte Mil Léguas Submarinas*, de J. Verne; *Moby Dick*, de Herman Melville; novelas de capa e espada; *As Aventuras de Tom Sawyer* e *As Aventuras de Huckleberry Finn*, de Mark Twain; etc), existem outras obras que foram concebidas especialmente para as crianças. Trata-se de obras escritas a partir da segunda metade do século XIX e até perto da 1ª Guerra Mundial. Encontram-se neste caso, de acordo com a proposta de Ana Maria Machado, obras como:

- *Alice no Pais das Maravilhas* (*Alice's Adventures in Wonderland*, 1865) e *Alice do outro lado do espelho* (*Through The Looking Glass And What Alice found here*, 1871), de Lewis Carroll
- *A Ilha do Tesouro* (*Treasure Island*, 1882), de Robert Louis Steveson
- *O Senhor dos Anéis* (*The Lord of Rings*, 1954-1955), de John Ronald Reuel Tolkien

- *The Wind in the Willows* (1908), de Kenneth Grahame
- *O Coelho Pedro* (*The Tale of Peter Rabbit*, 1902), de Beatrix Potter
- *Winnie the Pooh* (1926), de Alan Alexander Milne
- *As Aventuras de Pinóquio* (*Le Avventure di Pinocchio*,1883), de Carlo Collodi
- *Peter Pan* (*Peter Pan and Wendy*, 1911), de James Matthew Barrie
- *O Maravilhoso Feiticeiro de Oz* (*The Wonderful Wizard of Oz,* 1900), de Lyman Frank Baum
- *Pipi das Meias Altas* (*Pippi Långstrump*, 1945), de Astrid Lindgreen

No caso da literatura brasileira, a autora (Machado, 2002: 125) aponta como clássico indiscutível a obra *As Reinações de Narizinho*, de Monteiro Lobato.

Emer O'Sullivan (1992: 80), num artigo onde, a propósito da obra *Pinóquio*, analisa os traços que especificam a identidade e a natureza cosmopolita dos clássicos da literatura infantil, refere a dificuldade em encontrar duas listas de obras clássicas que sejam rigorosamente iguais. Todavia, acrescenta que existe um consenso acerca, entre outras, das seguintes obras:

- *Dom Quixote*
- *Robinson Crusoé*
- *Viagens de Gulliver*
- *Barão Munchausen*
- *Contos dos Irmãos Grimm*
- *Contos de Hans Christian Andersen*
- *Der Struwwelpeter* (1845), de Heinrich Hoffmann
- *Alice no País das Maravilhas*
- *Tom Sawyer*
- *Huckleberry Finn*
- *Heidi*
- *Pinóquio*

- *A Ilha do Tesouro*
- *O Livro da Selva*
- *Peter Pan*
- *Emil and the Detectives*
- *Mary Poppins*
- *Pipi das Meias Altas*

Ora alguns dos aspetos que parecem unir todos estes textos correspondem, no fundo, a uma busca pelo Desejo. Se é verdade que os textos literários, enquanto reflexos da semiosfera que contextualiza os seus atos de produção e de receção, tendem sempre exibir, ainda que, de forma indireta ou não explícita, determinadas estruturas do poder[4], os textos da literatura infantil falam-nos, acima de tudo, do Desejo e da possibilidade de acedermos à Utopia, de a concretizarmos, de a tornarmos possível e exequível. Neste sentido, há autores, como Bruno Bettelheim (1998), que se referem a ela como mecanismo compensador das angústias do quotidiano infantil e forma de acesso a um desenvolvimento mais harmonioso e integral do ser humano. Concordamos com Clare Bradford, Kerry Mallan, John Stephens & Robyn McCallum (2008:2) quando assinalam que o pensamento utópico atrai e gera ideias capazes de influenciar as práticas culturais, económicas e políticas, uma vez que existe nele intrinsecamente um sonho social (Sargent, 1994:3). De facto, este princípio do Desejo tem sido dado a ler maioritariamente por uma literatura cujos textos propõem mundos possíveis onde impera uma *utopia transformativa,* uma utopia que não tem que estar situada num futuro distante e indeterminado, mas pode e deve ser entendida como um modo de

---

[4] Os seus textos mostram-se sempre marcados por um certo compromisso de natureza experiencial (Rosenblatt, 1995), à luz do qual se representam e se interrogam determinadas práticas sociais.

transformação, para um mundo melhor, no presente. O importante é que, à luz deste conceito, os textos se mostrem suficientemente desafiadores e capazes de resistir às ideologias dominantes e às práticas sociais.

É o que sucede numa pluralidade de textos, com particular destaque para os contos de Charles Perrault. Conhecido por ter incluído na sua paleta de personagens também algumas que claramente se situam nos antípodas das classes favorecidas e detentoras do poder, como o povo ou os humildes (Duque, 2003), muitos dos seus contos adoptam aquilo que Ítalo Calvino (1999:51) designa como uma orientação *realista*: os mais pobres, aqueles que são assolados pela precariedade e pela miséria conseguem, graças aos poderes mágicos do maravilhoso, aceder ao poder, merecendo as honras, e simbolicamente consolidar-se lá através, por exemplo, de um casamento principesco.

Por exemplo, em *O Gato das Botas* (*Le Chat Botté*), subtítulo pelo qual o conto é conhecido – e que segundo Denise Escarpit (s/d: 272) não possibilita encontrar a chave de leitura do texto, que se situa no seu título: o Mestre Gato (*Le Maître Chat*) – , encontramos um relato profundamente irónico e sarcástico de uma certa forma de estar e de viver na sociedade. Ainda que o gato seja, aparentemente, o servidor do Senhor Marquês de Carabás, ele é, de fato, o verdadeiro detentor do poder factual e discursivo, ao longo de toda a narrativa. O Marquês, esse, mantém uma postura sempre passiva: não fala, não pensa, não age, a não ser por ordem do Mestre Gato, o qual, no final da narrativa, assumirá o lugar que, naturalmente, já é dele: o gato tornar-se-á um grande senhor, tal como já o fora, ao longo de todo o texto. Assim, esta é uma narrativa que metaforicamente nos fala sobre a ilusão e o seu poder de manipulação sobre os homens. É por esta razão que a insigne investigadora de literatura infantil, na sua dissertação de doutoramento, afirma que a obra comporta duas "moralidades": uma, que elogia o *savoir-faire* que implica a mentira, o engano e a crueldade, e a outra, conclusão maliciosa e fortemente satírica, que confirma o princípio segundo o qual devemos julgar as pessoas pela aparência ou, numa versão mais popular, que o hábito faz o monge (Escarpit, s/d: 103).

Objeto de múltiplas reinterpretações e manipulações, enfatizando, em muitos casos, determinados valores considerados importantes no seio das sociedades, o conto *O Capuchinho Vermelho* transformou-se numa espécie de mito coletivo (Colomer, 1996: 9) ou de ícone universal (Beckett, 2008).

Afirmámos num outro lugar (Azevedo, 2008) que esta é uma história muito curiosa que nos fala, entre outras coisas, do poder e que permite níveis de leitura diferenciados em função dos seus leitores-modelo: se os leitores menos experientes retiram desta narrativa o aviso daquilo que pode suceder quando os comportamentos da menina são explicitamente os da desobediência relativamente às orientações da progenitora, ao ponto de o texto poder ser lido como um conto de advertência (Bettelheim, 1998: 215), os leitores experientes deliciam-se com o jogo erótico da sedução e com o exercício de uma voz e de um poder simbólico protagonizado pelas mulheres desta história. De fato, ainda que a narrativa possa ser lida como uma metáfora com explícitas conotações sexuais múltiplas (Bettelheim, 1998: 212-233; Garat, 2004: 165-178), ela mostra-nos igualmente que as mulheres desta história são seres com iniciativa, que não parecem ter receio de penetrar no espaço simbólico do Outro, um local onde imperam as forças da irracionalidade e do desejo, e de entabular uma ação discursiva e social com ele.

Num artigo consagrado ao estudo das obras *As Aventuras de Alice no País das Maravilhas* e *As Aventuras do Pinóquio*, Ann Lawson Lucas (1999: 159) sublinha que nestas é concedida uma grande liberdade aos protagonistas, mostrando-os, em larga medida, emancipados do controlo dos adultos, de tal modo que eles agem como não modelos relativamente a uma certa visão didáctica e moralista do funcionamento do sistema semiótico literário. De fato, em *As Aventuras do Pinóquio*, exibe-se, de uma forma metafórica, um conflito entre Pinóquio, o rebelde, e a sociedade, representada por Gepetto (Manguel, 2005), a que não é alheia uma profunda dimensão irónica[5].

Publicada em 1911[6], *Peter Pan*, de James Mathew Barrie, constitui uma metáfora acerca da infância e da liberdade que a capacidade de sonhar possibilita. Verdadeiro ícone na cultura popular (White & Tarr, 2006: vii)[7], Peter Pan é a criança eterna que se recusa a crescer[8], uma espécie de arquétipo ou representante da condição humana. Todavia, como pertinentemente sublinha Jacqueline Rose (1984: 1), esta narrativa "(...) gives us the child, but it does not speak *to* the child." Neste sentido, a autora refere-se a ela, e, por extensão, à

---

[5] Cf. Jack Zipes (1996): desenvolvida, em larga medida, por pressão dos seus leitores, que estranharam e criticaram o final abrupto a que a personagem parecia ter sido votada no capítulo 15, a obra questiona ironicamente que um pedaço de madeira possa vir a transformar-se, de facto, numa criança, ao mesmo tempo que, progressivamente, vai questionando a estrutura optimista do conto de fadas.

[6] Jacqueline Rose (1984: 5) assinala que, originalmente, a obra não tinha como destinatário explícito a criança, mas o adulto. De facto, ela surge, pela 1ª vez, publicada em *The Little White Bird* (1902), tendo, depois, sido extraída e transformada numa peça de teatro.

[7] Para este estatuto, contribui muito a sua adaptação e recontextualização em obras cinematográficas, graças à acção dos estúdios Disney (1953), mas também de realizadores como Steven Spielberg (*Hook*, 1991) ou o interessante diálogo intertextual que filmes como o *ET*, de Spielberg, mantêm com ela. Num ensaio consagrado ao centenário da obra, Peter Hollindale (2005) assinala múltiplas situações de diálogo intersemiótico, interdiscursivo e intertextual que esta obra mantém com a cultura popular.

[8] Recusando crescer, socializar-se e fazer parte de um sistema em que o tempo se encontra devidamente organizado, Peter Pan mantém, como pertinentemente sublinhou Eduardo Encabo Fernández (2004: 24), um vínculo intertextual com Momo, quando alude aos homens cinzentos, ladrões do tempo.

literatura infantil entendida como *mot-valise*, como uma ficção impossível: o texto mostra uma apropriação, por um adulto, de um território que, supostamente, pertence à criança. Se neste texto encontramos um claro dissídio entre as personagens do mundo dos adultos e as personagens do mundo da infância, Wendy, como pertinentemente sublinhou Avelino Rego Freire (2007), constitui a criança que foi forçada a crescer e que, na impossibilidade de conquistar Peter, acaba por se mostrar como representação estereotipada da tradicional mulher vitoriana.

A narrativa organiza-se à volta de uma diferença entre dois mundos: o mundo onde Peter vive com a sua família, um mundo seguro, mas onde a condição infantil não dura para sempre, e o mundo da imaginação, o qual, se permite a Peter recuperar e fruir um estado de emancipação total, também o aprisiona, decisiva e tragicamente, nessa condição de *puer aeternus*, como sublinha Peter Hollindale (2005: 200).

Verdadeiro best-seller mundial, com um total de cerca de 40 milhões de exemplares vendidos, traduzida em 56 línguas[9], *Pipi das Meias Altas*, de Astrid Lindgren, configura um certo ideal utópico de vida livre, sem quaisquer obrigações a não ser as ditadas pelo próprio eu, por parte de uma criança de 9 anos. Órfã de mãe e de pai, acreditando que um seria um anjo, que a ajudaria no dia-a-dia, e que o outro, vivendo numa ilha desconhecida e tendo sido lá coroado o Rei dos Canibais, regressaria um dia a casa, Pipi das Meias Altas mostra-se como um criança auto-suficiente que vive a sua vida livre e independente do poder dos adultos[10]. Acompanhada do seu macaco Mister Nelson e de um

---

[9] Os dados são referidos num artigo de Eva-Maria Metcalf (1990), consagrado à obra de Astrid Lindgren.

[10] Teresa Mañà (1995: 17), num ensaio acerca dos 50 anos de criação de Pipi, considera-a como uma personagem anti-convencional: o não cumprimento das normas sociais é acompanhado de uma atitude espontânea frente aos adultos,

cavalo, adquirido com as moedas de ouro que herdara do seu pai, esta personagem mostra-se corajosa, irreverente, divertida e amiga dos seus amigos. Para ela não existem obstáculos e os poucos adultos que com ela co-actuam (os policias, a professora, o gigante no circo, os ladrões, as senhoras que vêm tomar chá a casa dos Settergreen) mostram-se como personagens disfóricos, em larga medida, porque incapazes de a compreenderem.

Pipi é, no fundo, uma sublime recriação do mito do bom selvagem e da vivência em comunhão com a natureza: autêntica, franca, honesta, não se compadece com situações onde a hipocrisia, ainda que decorrente de obrigações de natureza social, tenha que ter lugar.

Carole Scott (2007: 79) recupera, a este propósito, a teoria de Mikhail Bakthine acerca do carnaval. Na óptica da autora, a personagem Pipi, vivendo num espaço e num tempo marginais, representa uma força activa e é ela própria catalisadora do caos face às outras personagens.

Assim, este texto constitui uma espécie de olhar dos não adultos sobre o mundo dos crescidos, mostrando-nos o espaço das crianças como um importante reduto da liberdade e da imaginação (Encabo Fernandez & Jerez Martínez, 2007: 12), tal como acontece igualmente na obra *Peter Pan*, de James Barrie. Este aspeto é particularmente visível, não só no caso da personagem Pipi, como também no caso das crianças quando com ela convivem: se Tommy e Anika representam o mundo convencional e a antítese de Pipi, no convívio com essa personagem, cujos traços dialogam intertextualmente com personagens da comédia de Aristófanes (Russell, 2000: 169), elas reencontram alguma da liberdade que lhes seria intrínseca, como

---

livre de toda a classe de convencionalismos. Mas, como enfatiza a autora (Mañà, 1995: 18), o seu anti-convencionalismo não é anti-social, já que Pipi respeita as regras sociais que permitem a convivência com os outros.

assinalou Paul Hazard (1977), num ensaio consagrado à distinção entre o mundo dos adultos e o mundo das crianças. Pipi apresenta-se como um ser desconcertante, dotado de uma essência incompreensível por todos os outros que não partilham com ela a imaginação exuberante e o espírito de auto-suficiência. Assim, a personagem mostra-se capaz de, autonomamente, cumprir o seu sonho de ser feliz.

Por esta razão, mas principalmente pelo poderoso, inusitado, subversivo e corrosivo humor[11], David L. Russell (2000: 167) sublinha que a obra tem sido objecto de tantas críticas e objecções por parte dos adultos, particularmente dos educadores: Pipi é, pelo seu comportamento, um elemento gerador de heteropia e, por esse meio, profundamente desestruturador de determinadas convenções e de um certo *statu quo* existente:

> Much like a child's version of Aristophanes's Old Comedy, *Pipi Longstocking* effectively attacks the legal system, the educational system, the social class structure, and even the conventional concept of parenting. *Pipi Longstocking* is thus a revolutionary text in its frontal assault on social mores. (Russell, 2000: 169).

Também a nível da linguagem utilizada se nota esse espírito de liberdade insubmissa e de desafio ao mundo dos adultos. Como bem mostraram Eva-Maria Metcalf (1990: 132) e Maria Nikolajeva (1997: 11), a contestação do poder dominante é

---

[11] Eva-Maria Metcalf (1990: 130) fala de um humor de extravagância e de excesso, considerando que esta obra parodia muitos dos códigos burgueses dos livros de literatura feminina do século XIX.

intensificada pela linguagem[12]. Pipi Longstocking, em diversos momentos, interroga a arbitrariedade das práticas linguísticas; a sua auto-apresentação como Pippilotta Delicatessa Windowshade Mackrelmint Efraimsdaugheter Longstocking é profundamente desconstrutora e paródica; o nome da sua casa, Villa Villekulla, com as suas aliterações, evoca um contexto divertido e igualmente uma série de associações e conotações relevantes, em língua sueca, como refere Eva-Maria Metcalf (1990: 132).

Numa palavra, a obra reveste uma natureza profundamente crítica socorrendo-se, para o efeito, de um humor simultaneamente afirmativo e emancipador.

Em conclusão, diremos que estes textos matriciais da literatura infantil, de que apresentámos alguns breves e sintomáticos exemplos, retratam, sob formas diversas, o poder e o seu exercício, as práticas discursivas e sociais atribuíveis a ele, mas também, em muitos casos, e em complemento aos retratos do poder, a resistência a essas práticas e a essas ideologias dominantes.

Se nos contos de fadas é a criança ou o ser que não possui poder fatual o verdadeiro protagonista da história, noutros textos, a infância e os seus actores são apresentados como detentores de uma verdade e de uma essencialidade, muitas vezes associada à capacidade de, sem constrições de natureza alguma, exercitar a liberdade, que os separa radicalmente do mundo dos adultos. Pensamos, por exemplo, em obras como *Peter Pan*, de James Barrie, *O Principezinho*, de Saint-Exupéry, ou *Pipi das Meias Altas*, de Astrid Lindgren. O desejo torna-se o verdadeiro tópico da escrita e é, à sua luz, que tudo se desenrola, com as

---

[12] Maria Nikolajeva (1997: 11) refere-se ao conceito de *Child Power*, afirmando que o mesmo corresponde ao conceito de Pipi e ao simples facto de essa personagem existir.

componentes da liberdade insubmissa e da rebeldia, a que se associa, muitas vezes, o tópico da viagem e a percepção do texto como um *bildungsroman*.

Naturalmente, este capítulo teria muito mais a dizer e muitas mais relações de diálogo intertextual a aprofundar e a explicitar, já que o nosso material é constituído por aqueles textos que, de algum modo, inaugura(ra)m um assombro, uma inquietação e, por essa razão, se tornaram objectos de fascinação única. Mas também porque, pela sua própria natureza, se transformaram em objectos de constante revisitação, pela parte de inúmeros leitores, prometendo, pela sua incessante abertura hermenêutica, momentos de interacção e de fruição constantes capazes de surpreender o leitor empírico a cada nova leitura que este enceta.

Referências:
AZEVEDO, F. (2008). Voz e Poder na Literatura Infantil. In F. Azevedo, A. F. Araújo & J. M. Araújo (Orgs.), *Educação, Imaginário e Literatura. Actas do Colóquio Internacional.* Braga: Instituto de Estudos da Criança / Universidade do Minho, s/p.
BECKETT, S. L. (2008). *Red Riding Hood for all Ages. A Fairy-Tale Icon in Cross-Cultural Contexts.* Detroit: Wayne University Press.
BETTELHEIM, B. (1998). *Psicanálise dos Contos de Fadas.* Venda Nova: Bertrand Editora.
BLOOM, H. (Sel.) (2002). *Stories and Poems for Extremely Intelligent Children of all ages.* New York – London – Toronto – Sidney – Singapore: Simon & Schuster.
BRADFORD, C.; MALLAN, K.; STEPHENS, J. & MCCALLUM, R. (2008). *New World Orders in Contemporary Children's Literature. Utopian Transformations.* New York: Palgrave Macmillan.

CALVINO, I. (1994). *Porquê Ler os Clássicos?* Tradução de José Colaço Barreiros. Lisboa: Teorema.

CALVINO, I. (1999). *Sobre o Conto de Fadas.* Tradução de José Colaço Barreiros. Lisboa: Teorema.

COLOMER, T. (1996). Eterna Caperucita: La Renovación del Imaginario Colectivo. *CLIJ. Cuadernos de Literatura Infantil y Juvenil*, 87, 7-19.

DUQUE, F. (2003). Prólogo para ser Leído Después. In C. Perrault & L. Tieck. *El Gato con Botas.* Ilustrado por Carlos Bloch y Miguel Galanda. En Edición de Mercedes Sarabia. Madrid: Abada Editores, pp. 7-41.

ENCABO FERNANDEZ, E. & JEREZ MARTÍNEZ, I. (2007). Pippi Langstrump y el Menos Común de los Sentidos: Educar desde el Absurdo, *Primeras Noticias. Literatura Infantil y Juvenil*, 227, 11-17.

ENCABO FERNÁNDEZ, E. (2004). Peter Pan cien años después: la segunda a la derecha y todo recto hacia la igualdad de oportunidades entre géneros. *Primeras Noticias. Literatura Infantil y Juvenil*, 204, 23-28.

ESCARPIT, D. (s/d). *Histoire d'un Conte, Le Chat Botté en France et en Angleterre.* Paris: Didier Erudition.

ETIEMBLE, R. (1977). *Ensayos de Literatura (Verdaderamente) General.* Versión española de Roberto Yahni. Madrid: Taurus Ediciones.

EWERS, H.-H. (2009). *Fundamental Concepts of Children's Literature Research. Literary and Sociological Approaches.* New York and London: Routledge.

GARAT, A.-M. (2004). *Une Faim de Loup. Lectures du Petit Chaperon Rouge.* Actes du Sud.

GOMES, J. A. (2007). Da Infância dos *Clássicos. Lenguaje y Textos*, SEDLL, 26, 231-244.

HAZARD, P. (1977). *Los libros, los niños y los hombres.* Barcelona: Editorial Juventud.

HEARNE, B. & STEVENSON, D. (2000). *Choosing Books for Children. A Commonsense Guide.* Urbana and Chicago: University of Illinois Press.

HOLLINDALE, P. (2005). A Hundred Years of Peter Pan. *Children's Literature in Education*, 36 (3), 197-215

LLEDÓ, E. (2002). Necesidad de la Literatura. In AA VV. *Una Invitación a la Lectura.* Clásicos del siglo XX. Madrid: El País, pp. 11-16.

LUCAS, A. L. (1999). Enquiring Mind, Rebellious Spirit: Alice and Pinocchio as Nonmodel Children. *Children's Literature in Education,* 30(3), 157-169.

LURIE, A. (2004). *Niños y Niñas Eternamente. Los Clásicos Infantiles Desde Cenicienta Hasta Harry Potter.* Traducción de José Miguel Guggenheimer. Madrid: Fundación Germán Sánchez Ruipérez.

MACHADO, A. M. (2002). *Como e por que ler os Clássicos Universais desde cedo.* Rio de Janeiro: Objetiva.

MAÑÀ, T. (1995). Una Cincuentona Llamada Pippi. *CLIJ. Cuadernos de Literatura Infantil y Juvenil*, 78, 15-18

MANGUEL, Alberto (2005) *Pinocchio & Robinson. Pour une Éthique de la Lecture.* S/l: L'Escampette.

METCALF, E.-M. (1990). Tall Tale and Spectacle in Pippi Langstocking. *Quarterly. Children's Literature Association*, 15(3), 130-135.

NAHUM, D. (1992). Pinocho: una lectura del nivel mítico. *Boletín de A.U.L.I.,* 23, 30-32.

NIKOLAJEVA, M. (1997). Two National Heroes: Jacob Two-Two and Pippi Longstoking. *Canadian Children's Literature*, 86, 7-16.

NOBILE, A. (1992). *Literatura Infantil y Juvenil.* Madrid: Morata/M.E.C.

NODELMAN, P. & REIMER, M. (2003). *The Pleasures of Children's Literature.* Boston – New York – San Francisco: Allyn and Bacon.

O'SULLIVAN, E. (1992). Does Pinocchio have an Italian Passport? What is Specifically National and what is International about Classics of Children's Literature. In *23rd IBBY Congress. The World of Children in Children's Books - Children's Books in the World of Children*. Berlin: IBBY, pp. 79-101.

PAGÈS JORDÀ, V. (2006). *De Robinson Crusoe a Peter Pan. Un Cànon de Literatura Juvenil*. Barcelona: Enciclopèdia Catalana.

REGO FREIRE (2007). Wendy or the Girl who was forced to grow up. In Veljka Ruzicka Kenfel; Celia Vázquez García & Lourdes Lorenzo García (Eds.), *Anuario de Investigación en Literatura Infantil y Juvenil*, 5, pp. 239-251.

ROSE, J. (1984). *The Case of Peter Pan or the Impossibility of Children's Fiction*. London: The Macmillan Press.

ROSENBLATT, L. M. (1995). *Literature as Exploration*. New York: The Modern Language Association of America.

RUSSEL, D. L. (2000). Pippi Longstocking and the Subversive Affirmation of Comedy. *Children's Literature in Education*, 3, 167-177.

SARGENT, L. T. (1994). The three faces of Utopianism Revisited. *Utopian Studies*, 5(1), 1-37.

SCOTT, C. (2007). Harnessing the Monstrous: the dark side of Astrid Lindgren. *Barnboken. Astrid Lindgreen Centennial Conference*. Stockholm, 1-2, 75-82.

WHITE, D. R. & TARR, C. A. (2006). Introduction. In D. R. White & C. A. Tarr (Ed) *J. M. Barrie's Peter Pan in and out of Time. A Children's Classic at 100*. Lanbam – Toronto – Oxford: The Scarecrow Press, pp. vii-xxvi.

ZERVOU, A. (2003). La Grèce Ancienne des Influences et la Grèce Moderne des Transformations: Création et Réception de Pinocchio. In J. Perrot (Dir.), *Pinocchio. Entre Texte et*

Image. Bruxelles: Presses Interuniversitaires Européennes, pp.53-66.

ZIPES, J. (1996). Towards a theory of the fairy tale film: the case of Pinocchio. *The Lion and the Unicorn*, 20, 1-24.

Capítulo 2

A importância dos suportes tradicionais de narração para a formação de leitores. Exemplo de uma proposta didática [13]

António Pais
Instituto Politécnico de Castelo Branco
Escola Superior de Educação

Introdução

Na perspetiva didática, a literatura fantástica constitui um excelente recurso de integração social e curricular, explorando a aproximação do literário à interface fantástico / realidade.

O realismo mágico presente nos vinte e dois contos curtos que integram a coletânea *Estranhões & Bizarrocos*, de José Eduardo Agualusa, é exemplo disso. Inicialmente publicados na Revista Pais e Filhos, estes contos, que apresentam como subtítulo «estórias para adormecer anjos», caracterizam-se pela exigência da presença de dois ou mais leitores que interajam na descoberta do texto.

A leitura em voz alta e o dialogo partilhado sobre o lido devem ser a característica didática dominante na sua abordagem.

---

[13] Pais, A. (2015). A importância dos suportes tradicionais de narração para a formação de leitores. Exemplo de uma proposta didática. In F. Azevedo, M. G. Sardinha, P. Osório (Coord.), *Ensino do Português. Do Jardim ao Primeiro Ciclo. Práticas em Sala de Aula* (pp. 23-36). Braga: Centro de Investigação em Estudos da Criança / Instituto de Educação. ISBN: 978-972-8952-39-6.

Para este trabalho selecionámos o conto «O peixinho que descobriu o mar», associando-lhe a técnica de narração que o Kamishibai proporciona. O principal objetivo é desenvolver o conceito de leitores paralelos e a definição da base técnica para estabelecer cumplicidades entre mediador (professor, bibliotecário, pai, mãe…, avós) e leitor, tornando acessível o texto e despertando a curiosidade de ler.

A abordagem que propomos parte do princípio que o recurso às técnicas tradicionais de narração, neste caso o Kamishibai (teatro de papel), permite a criação de objetos didáticos que, nos mais variados contextos (jardim de infância, escola, família…, comunidades de leitores) facilitem a criação de ambientes de leitura estimulantes e potencialmente eficazes para a formação de leitores

Dos recursos didático-narrativos de partida

Do conto – O peixinho que descobriu o mar, de José Eduardo Agualusa, é um conto curto que integra, como referimos, a coletânea *Estranhoões & Bizarrocos - estórias para adormecer anjos*. Nesta coletânea de 22 contos curtos, o autor opta por uma perspetiva de narração em que o narrador omnisciente domina a relação entre apresentação das personagens, a narração e o diálogo, tentando relacioná-la com as vivências e a vida afetiva de potenciais mediadores e leitores.

Do ponto de vista da organização estrutural, toda a trama ou enredo é lançada para despertar no mediador, enquanto facilitador do texto, e no leitor imagens criadas a partir das suas experiências de vida. Consegue, assim, criar uma cumplicidade entre mediador e leitor que só favorece os processos de análise e interpretação do texto. Este processo de criação de cumplicidades deve ser considerado como elemento central de ação didática.

Em O peixinho que descobriu o mar, a personagem principal é um peixe – Cristóbal – que ambiciona deixar de ser peixe de aquário e passar a ser peixe de mar. Este desejo transforma-se em ambição de vida e projeta-se no mar enquanto sonho a alcançar.

Na sequência do que afirmámos, aqui, a escolha do nome do peixe – Cristóbal – remete de imediato o mediador para o referencial Cristóbal / Cristóvão Colombo, com toda a carga que a personagem histórica representa e que é passível de intertextualidade na narrativa.

A escolha das restantes personagens - uma tartaruga velha de nome Alice, que representa a voz da experiência; uma gata de nome Verónica, que contra todas as expetativas passa a ser vegetariana; um albatroz de nome Nicolau que coopera em tudo – facilita o desenvolvimento de múltiplos efeitos surpreendentes na ação narrativa. Somos assim conduzidos para um mundo às avessas, que Todorov (1975) caracterizou na perspetiva da Literatura Infantil tradicional

José Eduardo Agualusa recusa, assim, formas de abordagem ao texto enquanto ensinamento ou informação, propondo em vez disse uma abordagem ao conto que ative o imaginário e permita a construção de imagens e metáforas essenciais para a compreensão do texto. Neste conto, tudo isto se materializa no facto de Cristóbal chegar a confiar numa gata e num albatroz, adversos por natureza, para alcançar o seu sonho de viver na imensidão do mar.

Esta perspetiva ricoeuriana de abordagem interpretativa deve ser adotada pelo mediador como ponto de partida.

Do suporte de narração – A origem do Kamishibai situa-se na depressão económica dos anos 1930, quando milhares de desempregados no Japão tentaram arranjar uma maneira de sobreviver, montando um pequeno cenário na parte de trás das suas bicicletas, que lhes permitia ser contadores de histórias itinerantes e, ao mesmo tempo, vendedores de guloseimas ambulantes. Estes genuínos "animadores de leitura" inspiraram-se numa tradição de contar histórias que já vem do séc. IX ou X, quando monges budistas espalhavam a sua religião com a ajuda de narrativas e de rolos ilustrados.

Como objeto didático, o Kamishibai é uma maneira de contar histórias que é formado por um suporte de madeira no qual que se colocam lâminas de cartolina sequenciadas com as ilustrações da narrativa. Na última lâmina, além da ilustração na frente escreve-se no verso o texto que o leitor/narrador utilizará em cada uma das lâminas.

Apresentação da proposta didática

A. Elementos didatológicos base
Oficina de kamishibai em casa, na biblioteca, na sala de aula.
Destinatários: crianças dos 5 aos12 anos
Referência bibliográfica do recurso didático-narrativo de partida: O peixinho que descobriu o mar; in Agualusa, J.E. (2000). *Estranhões & Bizarrocos [estórias para adormecer anjos]*. Lisboa: Publicações Don Quixote; ilustração: Henrique Cayatte.
Desenvolvimento de competências: desenvolvimento da competência linguístico-narrativa; desenvolvimento da competência específica de leitura (ouvir ler, ler imagens e leitura em voz alta).

B. Apresentação dos percursos didáticos de abordagem
O desenho da proposta didática apresenta uma dupla forma de execução em função da idade dos leitores e do contexto de desenvolvimento. Em contexto familiar ou de sala de atividades do jardim de infância (3 a 6 anos), considera-se o *percurso curto*, utilizando-se o suporte e as lâminas de imagem e de leitura propostas. Em contexto de biblioteca ou de sala de aula (7 a 12

anos), considera-se **o** *percurso longo* – oficina de Kamishibai propriamente dita.

B.1. Percurso curto de abordagem

Suportes base da narração
O teatro (Kamishibai)

As lâminas de imagem a utilizar pelo mediador durante a narração.

As lâminas de texto a utilizar pelo mediador durante a narração.

O peixinho que descobriu o mar
José Eduardo Agualusa

Lâmina 1

Narrador - Era uma vez um peixinho chamado Cristóbal, que nasceu num aquário.

Vivia num pouco de água entre quatro paredes de vidro. Isto, alguma areia, algas, pedras e a miniatura de uma caravela... Ah! E 37 peixinhos, irmãos, tios ou primos do Cristóbal.

Havia também a Alice, uma tartaruga que já vivia no aquário quando os avós do Cristóbal nasceram.

Lâmina 2

Narrador - Às vezes os peixes mais velhos contavam histórias que tinham ouvido aos avós. Diziam que para além das paredes do aquário, longe dali, muito longe dali, havia tanta água que um peixe podia nadar toda a vida em linha reta sem nunca bater de encontro a um vidro. A essa água imensa onde tinham nascido os primeiros peixes, chamava-se Mar.

Os peixes falavam do mar como quem fala de um sonho.

Lâmina 3

Narrador - Cristóbal estava tão curioso com aquela história que decidiu perguntar à Alice.

- Olha lá Alice, tu já viste o mar?

- Disparate, o Mar não existe! Não existe nada para além daquelas quatro paredes de vidro. O Universo inteiro somos nós.

Lâmina 4

Narrador - Cristóbal foi embora pensativo. Sempre que ouvia falar do mar o aquário parecia-lhe muito pequeno.

Cristóbal – Os meus avós que sempre aqui viveram não podiam inventar uma coisa tão grande como o Mar. Acho que vou saltar as paredes e vou à procura do mar!

Narrador - Os outros peixes não compreendiam a angústia do Cristóbal!

Peixes – Não estás bem aqui? Não tens tudo o que precisas?

Narrador – Mas le não conseguia explicar e só via os seus olhos refletidos no vidro do aquário.

Lâmina 5

Narrador - Uma manhã, muito cedo, ainda todos os peixes dormiam, Cristóbal encheu-se de coragem, tomou balanço, e saltou. Percebeu imediatamente que o mundo não terminava no aquário. Estava assustado! O resto do mundo era um lugar tão seco quanto a pedra onde a Alice costumava descansar. Estava estendido no chão e não conseguia respirar!

Foi então que viu um gato! Ele não sabia o que era um gato, mas o gato sabia o que era um peixe: comida!

Cristóbal – Ajuda-me, vou morrer!...

Gata – Pois vais – disse a gata lindíssima – eu vou-te comer.

Lâmina 6

Cristóbal – Não me comas, pediu – eu quero ver o Mar.

Narrador – A gata olhou para ele admirada.

Gata – O Mar? Pois tu nunca viste o Mar?

Narrador – Cristóbal, com dificuldade em respirar contou-lhe a sua história. Verónica, assim se chamava a gata, ficou com pena dele e com boca, com muito cuidado, pô-lo numa tigela com água.

Gata – Vou-te ajudar porque nunca conheci ninguém tão corajoso como tu.

Lâmina 7

Narrador 7 – Nessa tarde a gatinha saiu pelos telhados '*a procura do Nicolau, um albatroz, um pássaro enorme, bico largo e fundo capaz de transportar uma quantidade enorme de peixes.

Verónica contou-lhe a história.

Gata – Tens de levar o peixinho Cristóbal até ao Mar.

Albatroz – que ideia estranha! Eu tiro os peixes do mar e como-os.

Lâmina 8

Narrador 8 – Quando o Nicolau conheceu o Cristóbal, depressa se convenceu.

Colocou o peixinho dentro do bico, com muita água e levantou voo.

Já voavam à quase uma hora quando Nicolau abriu o bico.

Nicolau – Cristóbal, chegámos, podes espreitar!

Narrador 8 – O que viu deixou-o mudo de espanto.

Cristóbal – Tanta água! Não podia imaginar o mar tão imenso!!!

Lâmina 9

Narrador 9 – Nicolau abriu as suas grandes asas e sacudiu o bico e soltou o peixinho.

Nicolau – Adeus amigo! Boa sorte.

Narrador 9 – O peixinho viu o seu amigo desaparecer entre as nuvens altas.

Cristóbal – Adeus amigo! Muito obrigado!

Lâmina 10

Narrador 10 - Longe dali, Verónica, a gata, pensava em Cristóbal. Depois daquela data ele nunca mais foi capaz de comer peixe. Coitada, hoje só come vegetais.

Guião didático de execução

Designação da tarefa: Narração com recurso ao Kamishibai.
Finalidade didática: Desenvolvimento da competência narrativa a partir da narração com recurso ao Kamishibai.
Base metodológica: Atividade realizada individualmente ou em grupo.
Duração prevista: 120min.

Procedimentos de execução:

Narração, pelo mediador, do conto o peixinho que descobriu o mar, de José Eduardo Agualusa.
Antes de narrar: apresentação ao grupo do suporte kamishibai, analisando a lâmina inicial (título e imagem); antecipação do conhecimento prévio e trabalho o nível do vocabulário; enquadramento do texto selecionado no conjunto da obra e breve referência ao autor; explicitação dos objetivos da narração e da forma de narrar
Durante a narração: Narração do conto pelo mediador, utilizando as lâminas e o texto proposto
Depois da narração: Reconto com recurso ao kamishibai.

B.2. Percurso longo de abordagem – oficina de kamishibai

Elementos didatológicos base
Título da proposta: O Peixinho que descobriu o mar - Oficina de Kamishibai.
Destinatários: Alunos dos 7 aos 12 anos.

Referência Bibliográfica do recurso didático-narrativo de partida: O peixinho que descobriu o mar; in Agualusa, J.E. (2000). *Estranhões & Bizarrocos [estórias para adormecer anjos].* Lisboa: Publicações Dom Quixote. Ilustração: Henrique Cayatte.

Ligação ao currículo:
- Oficina de Kamishibai na biblioteca
- Oficina de kamishibai na aula de português
- Oficina de kamishibai na aula de expressões

Português /LM
Objetivos gerais: 4, 6 e 16:

og4 - usar fluentemente a língua, mobilizando diversos recursos verbais e não-verbais, e utilizando de forma oportuna recursos tecnológicos;

og6 - desenvolver e consolidar a capacidade de leitura de textos escritos, de diferentes géneros e com diferentes temas e intencionalidades comunicativas, apropriando-se progressivamente das suas características;

og16 - apreciar criticamente a dimensão estética dos textos literários, portugueses e estrangeiros, e o modo como manifestam experiências e valores

Domínios: Oralidade (DO 3/4): Conteúdos: vocabulário: alargamento e variedade; Informação essencial / *Metas:* Usar a palavra com um tom de voz audível, boa articulação e ritmo adequado; adaptar o discurso às situações de comunicação; recontar, contar e descrever.

Leitura e Escrita (DLE3/4). Conteúdos: Texto narrativo; Tema, assunto e subtema; Antecipação de conteúdos; intenções e emoções das personagens e sua relação com finalidades da ação / *Metas:* Ler pequenos textos narrativos; Relacionar intenções e emoções das personagens com finalidades da ação; Identificar o tema ou o assunto do texto, assim como os eventuais subtemas.

Educação Literária (DEL 3/4); Conteúdos: Obras de literatura para a infância; Leitura silenciosa; leitura em voz alta; leitura em coro; Alteração de elementos na narrativa (personagens, ações e títulos) / *Metas:* Ler e ouvir ler obras de literatura para a infância e textos da tradição popular; Recontar textos lidos; Propor alternativas distintas: alterar características das personagens e mudar as ações, inserindo episódios ou mudando o desenlace; Manifestar sentimentos, ideias e pontos de vista suscitados pelas histórias ouvidas.

Expressões – Expressão e Educação Plástica - Bloco 3 – Exploração de técnicas diversas de expressão; conteúdo e objetivos específicos – Sequenciação de imagens com recurso a ferramentas digitais.

Apresentação do percurso de ensino e aprendizagem

Temática: as relações interpessoais
Elemento integrador: teatro Kamishibai

Guião de execução

Designação das tarefas de ensino e aprendizagem: narração com recurso ao Kamishibai.

Finalidade didática: construção de elementos e suportes de narração e desenvolvimento da competência narrativa a partir da narração com recurso ao Kamishibai.
Base metodológica: atividade realizada em pequenos grupos de 4 elementos e desenvolvida em três semanas sequenciais: construção do suporte Kamishibai; leitura em

círculo, preparação das lâminas e do texto base da narração; apresentação do kamishibai ao grande grupo.
Duração prevista: 2 semanas (1.ª semana -3x 90 min + 2.ª semana - 1 sessão de 120min.)

Procedimentos de execução
- Explicitação aos alunos do modo de funcionamento da atividade e da finalidade didática da mesma.
- Formação dos grupos de trabalho.

A- Explicitação do modo de funcionamento e da história do teatro Kamisishibai.
B- Leitura, elaboração das lâminas e redação do texto da narração (2ª semana -3 momentos de 90 min cada).

1º Momento (90 min) – leitura

Antes de ler – apresentação ao grupo do **livro**, analisando o título, as ilustrações da capa e o texto da contracapa; **enquadramento do texto** selecionado no conjunto da obra e breve referência ao autor; **explicitação** dos **objetivos** da leitura e da **forma de ler** (leitura em círculo por grupos de trabalho), **apresentação** aos alunos de um **esquema matricial** para registo dos elementos fundamentais da narrativa (personagens, espaços, momentos da narração e sequenciação de ações)

Esquema matricial

Título do texto:
Autor:
Personagens (identificação e caraterização)
Espaços em que decorre a ação
Sequencialização temporal das ações

Durante a leitura – distribuição a cada grupo de **uma parte do texto** considerada como um **momento da**

narrativa; **decisão,** em cada grupo, da **forma de ler** (porta-voz, em coro, a pares, cada um lê um parágrafo…) e **treino da leitura**; **apresentação** pelo porta-voz de cada grupo, sem ler, da parte do texto que lhes coube; **decisão** em grande grupo da ordem de formação do círculo, para que o texto seja lido de forma correta; **formação do círculo** (apenas formam o círculo os alunos que efetivamente vão ler, de acordo com a decisão de cada grupo) no centro da sala e **leitura**.

Depois de ler – por grupo, reconto integral do texto e preenchimento orientado do esquema com os elementos fundamentais da narrativa.

Momento 2 (90 min) – Elaboração das lâminas

Antes de elaborar – Em grande grupo, com base no esquema matricial da narrativa, elaboração de um storyboard para o Kamishibai (definição do número de lâminas e conteúdo de cada uma); definição das lâminas a elaborar por cada grupo de trabalho (deve ser utilizado como critério de atribuição a parte da narrativa que coube ao grupo na leitura); decisão sobre as técnicas a utilizar (desenho e pintura, colagem, fotomontagem…) na elaboração das lâminas; recolha de materiais.

Durante a elaboração – distribuição a cada grupo das lâminas de cartolina, previamente recortadas de acordo como o tamanho do suporte do kamishibai e numeradas sequencialmente; elaboração orientada das lâminas, de acordo com o definido no storyboard e as técnicas previamente escolhidas.

Depois da elaboração – cada grupo apresenta as suas lâminas à turma; preparação da última lâmina para nela se escrito o texto integral da narração.

Momento 3 (90 min) – Redação do texto da narração

Antes de escrever – em grande grupo, definição das características estruturais do texto (dimensão, estilo de redação e conectores de articulação entre o texto das diferentes lâminas).

Redação do texto – em grupos de trabalho, partindo do conteúdo de cada lâmina, do texto original e das características de estilo definidas, redação da 1ª versão do texto; correção do texto pelo professor; redação da versão final do texto de cada grupo; leitura e análise em grande grupo da versão integral do texto; correção coletiva.

Edição do texto na última lâmina – escrita, sequenciada por lâminas, do texto integral na última lâmina.

Sessão de apresentação do teatro à turma e a outras turmas da escola

Conclusão

A proposta didática que apresentámos configura tão somente uma das possíveis abordagens didáticas a um conto curto no âmbito da interface fantasia/realidade, que consideramos de excelência literária e com grande potencial para a redefinição do papel da mediação na leitura.

Como afirma Todorov (1973), o fantástico não deve ser considerado uma alegoria, mas a capacidade para ativar o conhecimento prévio de mediador e leitor através da criação de imagens mentais e metáforas associadas a experiências de vida ou leitura é assinalável em O Peixinho que descobriu o mar, de José Eduardo Agualusa.

A ideia de reinvenção do mundo provocada pela indefinição de conceitos, comportamentos inesperados e referências a clichés, que o autor utiliza intencionalmente, proporciona um vasto leque de opções didatológicas e de mediação que devem ser exploradas.

O desafio lançado aos mediadores da leitura no papel de leitores paralelos é enorme e apresenta-se como um elemento integrador de grande motivação. Redefine-se assim o papel principal da mediação que passa a ser o de ativar no leitor a capacidade de construção de imagens mentais sobre o lido, reinventando a cada passo a Literatura Infantil como um espaço amplo e mágico e nunca sujeito a amarras de informação ou formação.

Referências

AGUALUSA, J. E. (2000). *Estranhões e Bizarrocos*. Lisboa: Dom Quixote.

CALADO, I. (1994). *A utilização educativa das imagens*. Porto: Porto Editora

DACOSTA, M. L. (2001). Leitura e Pedagogia do Deslumbramento. In A. Mesquita (Coord.), *Pedagogias do Imaginário. Olhares sobre a Literatura Infantil* (pp. 199-206). Porto: Asa.

DIOGO, A. L. (1994). *A Literatura infantil. História, teoria, interpretações*. Porto: Porto Editora.

FERRARA, L. (1997). *Leituras sem palavras*. São Paulo: Ática.

PINA, M. A. (2000). Para que serve a literatura infantil? In AA.VV, *No Branco do sul as cores dos livros. Encontro sobre Literatura para Crianças e Jovens* (pp. 121-133). Lisboa: Caminho.

TODOROV, T. (1973). *The Fantastic: A Structural Approach to a Literary Genre*. London: Longman.

ZIPES, J. (2001). *The Great Fairy Tale Tradition*. London: Norton & Company.

Capítulo 3

Práticas na sala de aula
Proposta de planificação para a formação de leitores [14]

Maria da Graça Sardinha
Universidade da Beira Interior

Introdução

A formação de leitores, desde o início da escolaridade, exige especificidades de ensino aprendizagem devidamente enquadradas em didáticas ditas não convencionais, que vão além da simples leitura dos textos na sala de aula.

Deixar que os leitores tragam para o contexto pedagógico a sua cultura, todas as suas emoções, desenvolvendo a sua sensibilidade, enquanto interagem com os textos, é o que hoje se define como *aprender a aprender* numa verdadeira pedagogia da literacia.

Estas práticas de participação textual podem apresentar vários rostos e muitos são os autores que clamam por uma interação permanente entre o texto a ser desenvolvido no

---

[14] Sardinha, M. G. (2015). Práticas na sala de aula. Proposta de planificação para a formação de leitores. In F. Azevedo, M. G. Sardinha, P. Osório (Coord.), *Ensino do Português. Do Jardim ao Primeiro Ciclo. Práticas em Sala de Aula* (pp. 37-45). Braga: Centro de Investigação em Estudos da Criança / Instituto de Educação. ISBN: 978-972-8952-39-6.

contexto pedagógico e as aprendizagens que os sujeitos já possuem. Para que tal aconteça, devem os docentes estar conscientes de que a educação para a literacia exige não apenas a passagem da informação, mas igualmente toda a fruição que lhe pode estar inerente.

Na obra intitulada *Literature Based Activities*, Ruth Yopp e Hallie Yopp (2010) responsabilizam e comprometem o docente com uma série de atividades que este deverá ter em conta na promoção da leitura e consequente formação de leitores:

Dar a conhecer o texto literário em variedade de suportes e géneros; providenciar tempo para ambientes de leitura dos textos e conversa informal sobre outras obras, por forma a motivar para a leitura das mesmas; promover a criação de grupos de leitura; ajudar os estudantes a falar sobre as suas expetativas antes, durante e depois da leitura de qualquer obra e criar, sistematicamente, um clima interativo, onde os estudantes falem livremente das suas experiências e das suas ideias sem quaisquer tipo de constrangimentos.[15]

As autoras supracitadas apresentam uma imensa panóplia de atividades que, devidamente aplicadas, exigindo a construção de materiais adequados, se enquadram naquilo que entendem como sendo *the goals of literacy instruction* e que englobam as seguintes habilidades:

> To learn with the text; to expand their ability to think broadly; deeply and critically about ideas in text: to promote personal responses to text; to nurture a desire to read; and to develop lifelong learners who can use text information to satisfy personal needs and interests and fully and wisely participate in society. (Ruth Yopp e Hallie Yopp, 2010:2)

---

[15] Tradução nossa.

Para as autoras, torna-se fundamental que, em presença da exploração do texto, os alunos possam vivenciá-lo e, ativamente, interagir com este: ora desenhando, ora dançando, escrevendo, falando ou representando, enquanto simultaneamente vão revelando os seus modos de vida, desenvolvendo sensibilidades várias e expandindo os conhecimentos de que já são portadores. Há, por assim dizer, uma outra forma de ler no próprio processo de ler:

> According to cognitive constructive views, readers (…) = bringcomplex networks of knowledge and experiences with them to a texte. (Ruth Yopp e Hallie Yopp, 2010:3)

Tais aspetos devem ser tidos em conta desde o início da escolaridade, dependendo, obviamente, como temos vindo a afirmar, da fase etária dos estudantes, para uma eficaz planificação das atividades.

1. A obra em estudo

Selecionámos para uma proposta de planificação a obra intitulada *O sapo apaixonado* de Max Velthuiss.

O segundo ano de escolaridade pareceu-nos o mais adequado a esta planificação, por se tratar de uma fase etária, cujos objetivos presentes nas metas curriculares remetem para a organização a informação do texto lido.

No que concerne aos descritores de desempenho, assinalámos os seguintes: relacionar diferentes informações contidas no texto, evidenciando sequências espaciais e temporais e estabelecer relações de causa- efeito.

Na ótica das autoras supracitadas, procedemos aos três momentos: Pré leitura, Leitura e Pós leitura.

As atividades estão devidamente adaptadas ao nível etário do público visado.

Na Pré leitura *Prereading Activities,* propomo-nos despertar o gosto pela leitura, desencadear emoções, ativar conhecimentos prévios e promover respostas pessoais:

> To promote personal responses; to activate and build back ground knowledge; to develop language; to set purposes for reading; to arouse curiosity and motivate students to read. (Ruth Yopp e Hallie Yopp, 2010:15)

No seguimento da leitura da obra, no âmbito das *During-Activities,* apontámos para a compreensão do texto, promovendo-se respostas pessoais que englobam fundamentalmente a ideia principal. Nessa perspetiva, demos voz às autoras quando referem:

> To deepen comprehension; to elicit personal responses; to prompt students use of comprehension strategies;to facilite thinking about big ideas. (Ruth Yopp e Hallie Yopp, 2010:55)

No capítulo respeitante à Pós leitura situada em *Postreading Activities*, promoveu-se a reflexão sobre a obra já lida, bem como a capacidade de análise e de síntese sobre a mesma.

Tal como referem as autoras: to stimulate thinking; to facilitate organization, analysis, and synthesis; to share and build interpretativos; to prompt connections. (Ruth Yopp e Hallie Yopp, 2010:95)

Quanto às atividades, procedemos a várias adaptações, tendo em conta o público a que se destinam, e essencialmente baseadas nas seguintes nomenclaturas: *book boxes; antecipations guides; concrete experiences; opinionnaires/questionnaires; semantic maps.*

Pré-Leitura – motivação inicial

• Caixa Literária – Apresentação das personagens da história e outros adereços (bonecos + caixa em forma de casa), com apresentação do título.
• Produção oral de uma história com as personagens e adereços apresentados.
• Partilha e comentário sobre o título da história, tendo como suporte uma ficha de registo de antecipação da leitura.
• Apresentação da obra, com exploração do Título; Autor; Ilustrador; Editora; Capa/contracapa; Lombada.

Questões
1 - Já conheces as personagens da história. Desenha um coração e dentro dele desenhas a personagem por quem é que tu achas que o sapo estaria apaixonado.

2 - Onde vivia o sapo? Desenhas outro coração e dentro dele desenhas os sítios onde tu achas que poderá viver o sapo.

3 - Desenhas um terceiro coração e dentro dele escreves outras palavras, além de "apaixonado", acabadas em <u>ado</u>, que podem caraterizar o sapo.

Durante a Leitura

- Leitura, pelo professor, da história original: "O Sapo Apaixonado".

- Identificação, através de um diálogo, do desenrolar da história da história.

- Preenchimento de uma ficha de leitura elaborada para o efeito (Figura 1).

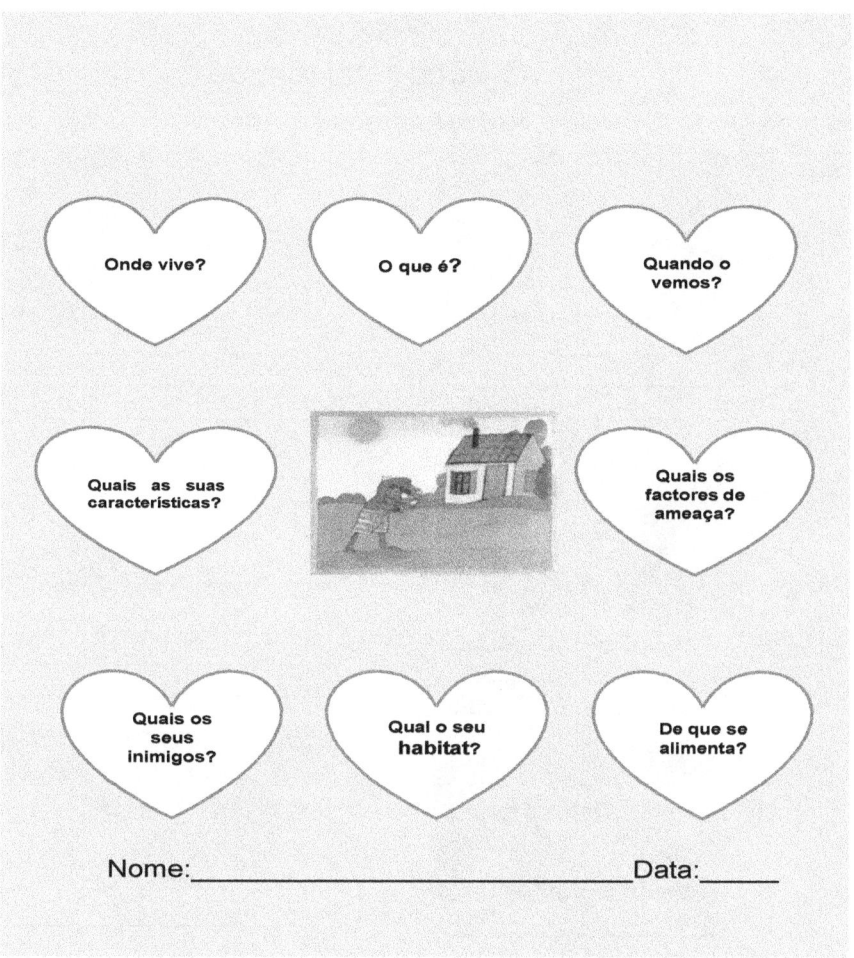

Figura 1 – Extraído da obra supracitada.

Pós – Leitura

- Realização de um registo sobre os momentos principais da história (Figura 2).
- Construção do mapa semântico.
- Dramatização da história.

Figura 2 – Extraído da obra supracitada.

Bibliografia

AZEVEDO, F. (2014). *Literatura Infantil e Leitores. Da Teoria às Práticas*. Raleigh, N. C.: Lulu Press.

SARDINHA, M. G; AZEVEDO, F. (Eds.) (2013). *Didática e Práticas. A Língua e a Educação Literária*. Guimarães: Opera Omnia.

SARDINHA, M. G; AZEVEDO, F.; RATO, R. (2014). Formar leitores. Uma experiência no 4º ano de escolaridade, baseada no programa de leitura fundamentado na literatura. *Exedra. Revista Científica*, 9: 128 - 146.

SARDINHA, M. G; AZEVEDO, F.; RATO, R. (2015). Promoção da leitura na escola portuguesa: metodologias e crenças dos professores do Ensino Básico. *Investigaciones sobre Lectura (ISL)*, 4: 25-50.

YOPP R. & YOPP H. (2010). *Literature Based Activities*. Boston: Pearson.

Capítulo 4

Os Livros de Literatura Infantil: Como fazer? [16]

Maria Laura Fino
Professora do 1º ciclo do Ensino Básico
Escola A Lã e a Neve, Agrupamento de Escolas Pêro da Covilhã

Introdução

Atente-se na seguinte citação:

> Pensamos em leitura, pensamos em espaços de leitura (...) local repleto de significado, entusiasmo e motivação para ler; verdadeiro local de diálogo entre leitor e texto, entre leitor e leitor; espaço de caça a possíveis leitores; local agradável, sedutor (...) lugar de encanto e magia, onde se pode imaginar ou sonhar (...)
>
> (Pontes & Azevedo, 2009: 70)

De facto, ler é uma ferramenta que deve ser iniciada desde muito cedo.

---

[16] Fino, M. L. (2015). Os Livros de Literatura Infantil: Como fazer? In F. Azevedo, M. G. Sardinha, P. Osório (Coord.), *Ensino do Português. Do Jardim ao Primeiro Ciclo. Práticas em Sala de Aula* (pp. 47-51). Braga: Centro de Investigação em Estudos da Criança / Instituto de Educação. ISBN: 978-972-8952-39-6.

Atualmente, a literatura infantil é um manancial de riqueza que quando devidamente explorada contribui para a formação de leitores, cujo apetite pela leitura se desencadeia naturalmente. Porém, a leitura de qualquer obra não pode ser feita ao acaso, exigindo do mediador uma atenção redobrada.

As propostas aqui apresentadas não passam disso mesmo. Cremos, contudo, que o exercício de motivação para a obra literária é indispensável, enquanto caminho capaz de motivar, de desencadear o gosto e fomentar a partilha entre os diferentes grupos de crianças.

Focamos, ainda, o papel da Unidade Didática, enquanto matriz de onde e para onde tudo converge. Com se pode constatar, é à volta da aranha e das sensações que esta provoca na comparação com os frutos que todas as aprendizagens têm lugar.

1. Explorando uma obra de literatura infantil...

A seguir, apresentam-se os três passos de leitura, considerados fundamentais, para qualquer obra que se leve à sala de aula: *atividades de pré-leitura, atividades durante a leitura e atividades após a leitura.*

Nesta perspetiva, procede-se a uma breve explicação de cada um dos passos enunciados, encontrada em Azevedo (2007).

Atividades de pré-leitura:
- ➢ Ativar e construir a competência enciclopédica do aluno.
- ➢ Proporcionar e promover uma verdadeira igualdade de oportunidades a todos os alunos.
- ➢ Despertar no aluno a curiosidade.

Atividades durante a leitura:
- ➢ Preparar o aluno para usar estratégias de compreensão.

➢ Familiarizar o aluno com a estrutura do texto.
➢ Focar a atenção do aluno na linguagem.
➢ Facilitar a compreensão sobre personagens, acontecimentos…
➢ Colaborar na construção de sentidos e interpretações.

Atividades após a leitura:
➢ Encorajar respostas pessoais.
➢ Promover a reflexão sobre o texto, sendo os alunos incentivados a identificarem o que é mais significativo para eles.
➢ Facilitar a organização, análise e a síntese de ideias.
➢ Proporcionar oportunidades de partilha e construção de significados com os restantes companheiros.

2. Obra selecionada
A Aranha e Eu de Fran Alonso e Manuel Vicente

2.1. Concretizando…

Pré-leitura
Cesta Literária
Uma cesta com uma aranha e cheia dos frutos que a obra contém.
Identificação dos frutos: textura, cor, volume, forma…

Durante a leitura
(À medida que o professor vai lendo a obra…)
Corpo humano
Identificação das várias partes do corpo humano.

Exemplos: tornozelo liga a perna ao pé; joelho tem rótula; queixo é curvo; boca é vermelha.

Após a leitura
Consciência silábica
Exemplos: visualizando o pêssego ou outro fruto contido na obra, o professor verbaliza o vocábulo pausadamente, marcando bem as sílabas. As crianças repetem e reproduzem, simultaneamente, batendo as palmas; posteriormente, numa ficha elaborada para o efeito, pintam quadrados, cujo número corresponde ao número de sílabas marcadas.

3. Unidade Didática

Atualmente, a sequencialização dos temas, tendo sempre um, cujo papel é integrador, e à volta do qual tudo gira, tendo em conta uma extensa panóplia de atividades, é considerado da maior importância.

Assim, dando sequência à Unidade Didática à volta da aranha, outras atividades podem ser desenvolvidas:

3.1. Dicionário ilustrado

3.2. Obras literárias
A exploração de obras literárias, dando voz aos objetivos das Metas Curriculares, que alertam para a necessidade da educação literária, desde tenra idade, pode fazer parte desta unidade didática.

Exemplo: exploração do poema de Eugénio de Andrade, intitulado *Frutos*.

3.3. Exercícios de comparação com os vários frutos contidos na cesta.

3.4. Exploração do vocabulário
Exemplos: a pele da tangerina é rugosa; a papaia é grande e lisa; a pele do pêssego é aveludada; a pele da melancia é suave; o coco é misterioso; a manga é curvilínea.

Considerações finais

Muitas outras atividades poderiam se levadas a efeito. A nossa experiência enquanto docentes leva-nos a afirmar que a escolha das obras é deveras importante: livros coloridos, apelativos, que tenham em conta a realidade das crianças e o seu mundo circundante promovem aprendizagens significativas, e potenciando a vontade de aprender. E, assim, se vão formando leitores…

Referências
AZEVEDO, F. (2007). Construir e Consolidar Comunidades Leitoras em Contextos não Escolares. In F. Azevedo (Ed.), *Formar Leitores das Teorias às Práticas* (pp. 149-164). Lisboa: Lidel.
PONTES, V. & AZEVEDO F. (2009). O espaço de leitura como espaço de prazer. In F. Azevedo; Sardinha, M. G. (Eds.), *Modelos e Práticas em Literacia* (pp. 69-79). Lisboa: Lidel.

Capítulo 5

Educação Literária na Educação Infantil: Porquê e Para quê? [17]

Luzia Enéas
Fernando Azevedo
CIEC, Universidade do Minho

Introdução

Os textos literários de potencial receção leitora infantil retratam mundos possíveis que, não sendo uma cópia ou um espelho do mundo empírico e histórico-factual em que se situam os leitores, mantêm todavia com com esse mundo relações mediatas. De facto, graças ao protocolo da ficcionalidade, os textos literários mostram-se capazes de suscitar a consecução de importantes e significativos efeitos perlocutivos.

Com o texto literário podemos explorar vários aspectos, oferecendo à criança outra forma de aquisição do conhecimento. Esse conhecimento perpassa o universo do livro e vai além das estruturas escolares e do currículo.

---

[17] Enéas, L. & Azevedo, F. (2015). Educação Literária na Educação Infantil: Porquê e Para quê? In F. Azevedo, M. G. Sardinha, P. Osório (Coord.), *Ensino do Português. Do Jardim ao Primeiro Ciclo. Práticas em Sala de Aula* (pp. 53-60). Braga: Centro de Investigação em Estudos da Criança / Instituto de Educação. ISBN: 978-972-8952-39-6.

Da teoria à prática

Frequentemente, dedicamos muito do nosso tempo explicando às crianças que é preciso ler, porque tal atividade abre outros horizontes, promove conhecimentos diversos, além de que, quando realizado eficazmente, é fonte de inusitados prazeres. Contudo, passamos mais tempo tentando convencer as crianças acerca desses valores do que promovendo, efetivamente, uma leitura agradável, prazerosa e satisfatória. Possivelmente ainda há escolas e educadores que veem a literatura apenas como mais um trabalho a ser desenvolvido. Muitas vezes, a metodologia utilizada nessa atividade está longe de conferir à literatura o valor literário, que lhe é intrínseco e que se materializa num conjunto de convenções ou protocolos de leitura, como bem expôs Robert Scholes (1991). Muitos dos educadores brasileiros não parecem estar preparados para o trabalho com a literatura infantil, nem mesmo os cursos de formação inicial os preparam para essa atividade. Com uma formação cada vez mais ampla e abstrata, estamos nos distanciando da realidade da escola e de como desenvolver a prática frente a tantos desafios.

Preocupamo-nos, muito em legitimar as coisas, como se isso fizesse alguma diferença. Colocamos a literatura como parte do currículo, acreditando que, assim, teremos um trabalho melhor, pura ilusão. O que diferencia o estado de coisas é a prática educativa do educador que vai ser o mediador, por excelência, do livro com as crianças.

Se estimulamos o seu espírito crítico, expressão sensível daquilo que leu, apontando o que concorda e o que discorda do texto, estaremos desenvolvendo um trabalho educativo muito mais interessante do que apenas reproduzir, de forma cansativa, o que já está dito pelo autor. Afinal, qual o verdadeiro sentido da leitura? Se não possibilita desenvolver o pensamento lógico, criativo e crítico, ou seja, repensar valores, atitudes, estimular o intelecto, divergir das ideias apontadas pelo autor, não faz sentido a leitura, principalmente se for para crianças. O papel do educador é oferecer à criança esses estímulos e respeitar a sua opinião. Veremos assim como o trabalho literário fluirá e será muito mais prazeroso.

As crianças vivem o aqui e o agora. Por vezes, vivem de forma tão estranha que parecem não ter laços afetivos em casa ou no seu contexto familiar. Estamos tão preocupados em *ter* que perdemos a essência do *ser*. Na escola não ocorre uma situação diferente. As crianças têm tendência a reproduzir, na escola, as atitudes adquiridas e comuns em ambiente familiar.

Por isso a importância de contar histórias: elas aproximam aquele que lê daquele que ouve, aparecem como uma demonstração de carinho, de afeto e, cada vez mais, a criança vai querer outra história porque, na verdade, a história é apenas o meio que a liga ao adulto, é o momento em que tem a atenção e o carinho daqueles que ama.

Os textos da literatura infantil abordam usualmente temáticas relevantes para a infância ou que, de algum modo, possam ajudar os seus leitores a desenvolverem-se numa multiplicidade de aspectos. Neste âmbito, há determinados textos que, ajudando a criança a lidar com o desconhecido (por exemplo, o medo do escuro, das bruxas ou do lobo mau), podem auxiliar na compreensão das emoções, permitindo-lhe adquirir valores relevantes para a construção do seu ser, enquanto sujeito que interage com os outros.

As narrativas *Todo mundo saiu* e *Pedro e Lua*, embora possuam um vocabulário simples e de fácil compressão, projetam-nos para o *psiquismo imaginário* apontado por Macedo (2010) e outros, quando nos deparamos com situações subjacentes que explicam às crianças a origem dos sentidos simbólicos que envolvem o ser humano.

Por exemplo, no livro intitulado *Todo mundo saiu*, de Babi Wrobel e Ivan Wrobel (2013), com ilustrações de Babi Wrobel Steinberg, vê-se uma porta semiaberta, donde sai um grande raio de luz, mantendo-se todo o restante espaço na escuridão. Os paratextos, como a capa, a contracapa e a página de rosto em conjugação com o seu título, sugerem já uma certa dúvida: aonde estarão as personagens da obra? Porque terão todas saído? O que sucedeu? As ilustrações da narrativa dão ênfase a uma criança assustada no meio da escuridão. As imagens são apresentadas em tons fortes e marcantes, colocando em evidência que algo está para acontecer. Nos paratextos mencionados anteriormente é o escuro que remete o leitor a uma antecipação do que ocorrerá na narrativa. O álbum faz uma abordagem, de forma simbólica, do medo que a escuridão provoca no leitor: afinal, quem nunca ficou sozinho em casa e sentiu medo, ouviu passos ou sons estranhos?

A noite chega e logo todo mundo começa a sair. À meia noite, sozinha em seu quarto escuro, debaixo da colcha de retalhos, a criança agarra-se aos seus bichinhos de pelúcia e percebe que está sozinha. Começa a ouvir barulhos estranhos que vinham de toda parte, um dos barulhos parecia ficar mais perto, parecia estar na porta do quarto. O medo era enorme, arregalou os olhos e a porta se abriu. A menina viu um vulto, que, no escuro, não era possível identificar. Ficou tão apavorada que mal conseguia respirar, não acreditava o que os seus olhos estavam vendo: um terrível monstro, com olhos vermelhos muito grandes, que chegou bem perto da menina e perguntou: "onde fica o banheiro?"

Este álbum narrativo suscita a curiosidade infantil porque, desde a primeira página, instiga a criança a pensar no que será que vai acontecer na página seguinte. No final, o monstro, que tinha motivado a fuga de todos os habitantes da casa, apenas queria ir ao banheiro. A menina viu o monstro com olhos de medo e pavor apenas pelo seu aspecto horrendo e por estar sozinha e sentir-se desprotegida.

A ilustração utilizada no álbum do escuro transforma ainda mais o aparente monstro em algo terrível visto pela menina. As imagens são fundamentais por adquirirem significado, ampliando o texto. Colocam o leitor diante ao desafio de não se satisfazer com a história, mas buscar entender as diferentes linguagens que estão presentes na narrativa.

O album, em seu início, coloca a ideia de um monstro que aterroriza o imaginário da menina, no entanto o monstro é uma figura simbólica dos medos e ansiedade das crianças. (Azevedo, 2010).

O livro *Pedro e Lua,* de Odilon Moraes (2004), é escrito e ilustrado por um dos mais talentosos autores do livro infanto-juvenil do Brasil. Vencedor do prémio FNLIJ, em 2005, na categoria "Melhor livro criança", retrata sentimentos de descoberta e busca pela identidade. Pedro é fascinado pela noite e os mistérios que dela advêm. As estrelas que brilham no céu, são também luminosas nos olhos e na alma de *Pedro,* quando descobre, nos livros, que a Lua, que ilumina a noite, é um satélite feito de pedras. Começa a acreditar que todas as pedras são fragmentos lunares.

Certo dia tropeça numa pedra, pois nunca olhava para o chão, estava sempre olhando para a lua. Ele acreditava que as pedras tinham saudade de casa, então, todas as noites, juntava pedrinhas para chegar perto da lua. Numa noite muito bela, Pedro carregava várias pedras, quando uma lhe chamou a atenção. Pegou nela e logo percebeu que era uma tartaruga. Os dois ficam amigos e todas as noites se encontram para admirar a beleza e os mistérios da noite. Pedro dá à tartaruga o nome de Lua, pois ela adora ficar no topo das pedras, para ver o infinito e a luminosidade da lua. Pedro gostava de ver a Lua seguindo os seus passos. O tempo foi passando e os dois crescendo. Lua ficava muita triste quando Pedro viajava. Pedro descobriu que a tartaruga também tinha saudades e, à noite, levou-a para as pedras, onde gostava de ficar.

O livro aborda, de forma simples, a temática da amizade, mas também coloca em destaque outros temas, como o da separação dos amigos, quando Pedro viaja de férias, como uma necessidade de aprender a conviver com a ausência das pessoas que amamos, mas confiando sempre que elas voltam. As imagens reforçam o texto e possibilitam ao leitor criar e desenvolver a sua imaginação criativa.

Conclusões

Os textos selecionados para análise apresentam à criança uma pequena amostra do que ocorre no seu mundo empírico e histórico factual, amostra essa que lhe possibilitará não apenas conhecer facetas desse mundo, e aprender a lidar com ele, como, igualmente, o desenvolvimento do imaginário.

Os álbuns narrativos *Todo mundo saiu* e *Pedro e Lua* destacam ao mesmo tempo o medo do escuro e o medo da perca e da pertença ao Outro. São duas formas de expressão do medo, mas todas duas demonstram a sensibilidade humana. Os dois álbuns narrativos introduzem o mistério para instigar a criança a externar as suas emoções. Explorar esse universo infantil é necessariamente mergulhar no seu íntimo para compreender a beleza ímpar vivida pelas crianças e por elas contadas.

No entanto, são as imagens da infância, "(...) imagens que uma criança pôde fazer imagens que um poeta nos diz que uma criança fez (...) (Bachelard, 2012: 95), que reanimam e tornam o adulto sensível frente aos desafios da vida quotidiana. Não se pode roubar da infância a literatura com suas imagens ou contos, pois tiraria da criança a capacidade de compreender o outro e a si mesmo de forma lúdica, prazerosa e sonhadora. São os sonhos que nos tornam seres humanos, porque sem eles perdemos a capacidade de ter esperança na humanidade. Não são os projetos concretos e racionais que nos impulsionam a viver, mas os sonhos e os desejos e encontrar no Outro o prazer e o amor que sonhamos.

Idealizamos um mundo, uma vida, quando somos crianças. Porque a "criança enxerga grande, a criança enxerga belo."

(Bachelard, 2012: 97). Se tirarmos a possibilidade da criança sonhadora, teremos um mundo com pessoas agindo automaticamente sem reação aos sentidos e sentimentos.

Observando como o conhecimento se desenvolve na mente a partir da leitura da literatura percebemos que "(...) la finalidad de ese giro era proponer hipótesis sobre los processos de construcción del significado a través del descubrimiento y la descripción formal de los significados que los seres humanos crean a partir de su relación con el mundo. (Colomer, 1998: 69) Centra-se aqui a necessidade de perceber como a criança recebe e resignifica a leitura em relação ao mundo em que vive e a sua própria identidade.

Vale salientar que a literatura é um dos meios fundamentais para aumentar a experiência das crianças. "As histórias, com os seus espaços do Era uma vez..., ajudam a criança a arrumar a sua casa interior e a ampliar o conhecimento que tem o mundo. Imaginar é ver o mundo na sua totalidade." (Mesquita, 2010: 32)

Nesse sentido podemos dizer que ocorre o fenômeno da competência literária, uma vez que esta só pode ser compreendida numa perspectiva "histórico-cultural." A grande questão aqui é " 'cómo', a través de qué textos y con qué ayudas sociales se desarrollan estas competencias en los niños y adolescentes para hacerlos capaces de participar plenamente en este tipo de comunicación." (Colomer, 1998: 80)

Precisamos perceber se o século XXI, com todas as estruturas e progressos tecnológicos e imagens pré-fabricadas, não aniquila a imaginação e o sonho. É igualmente imperioso pensar que a escolar, mesmo diante de tantos atrativos dos meios de comunicação, deve conseguir introduzir na infância a beleza do texto literário, fundamental para a formação de sujeitos mais humanos e sonhadores.

Referências

AZEVEDO, F. (2010). Da luta entre o bem e o mal, as crianças são sempre vencedoras. In F. Azevedo (Ed.), *Infância, memória e imaginário: ensaios sobre literatura infantil e juvenile* (pp. 11-29). Braga: CIFPEC/Universidade do Minho.

BACHELARD, G. (2012). *A poética do devaneio*. São Paulo: Editora WMF Martins Fontes.

COLOMER, T. (1998). *La formación del lector literario: narrativa infantil y juvenil actual*. Madrid: Fundación Germán Sánchez Ruipérez.

MACEDO, T. (2010). As construções ficcionais bio-historiográficas na obra infanto-juvenil de José Jorge Letria. Dos modelos às ideologias: leitura integral e mediada. Tese de Doutoramento em Estudos da Criança, na especialidade de Literatura para a Infância. Braga: Universidade do Minho. Documento em <http://hdl.handle.net/1822/12423>

MESQUITA, A. (2010). Memórias de um cavalinho de pau. In F. Azevedo (Ed.), *Infância, memória e imaginário: ensaios sobre literatura infantil e juvenil* (pp. 31-37). Braga: CIFPEC/Universidade do Minho.

MORAES, O. (2004). *Pedro e Lua*. São Paulo: Cosac Naify.

SCHOLES, R. (1991). *Protocolos de leitura*. Lisboa: Edições 70.

WROBEL, B. e WROBEL, I. (2013). *Todo mundo saiu*. Rio de Janeiro: Escrita Fina.

Capítulo 6

A Emergência da Leitura no Jardim-de-Infância (porque "de pequenino se torce o pepino") [18]

João José Serra Machado
Instituto Politécnico de Castelo Branco (ESART)

Introdução

Formar leitores desde uma idade precoce consititui atualmente um imperativo, uma vez que há estudos que apontam que a transição do Jardim-de-Infância para o Primeiro Ciclo pode ser fulcral na exclusão ou não exclusão das crianças. Diz o povo que desde pequenino se torce o pepino e há inclusivamente estudos que apontam que se inicie o amor à leitura a partir da barriga da mãe. De facto, é na primeira socialização que tudo começa. Basta lembrar que as Orientações Curriculares para o pré-escolar apontam o envolvimento da família e a criação de ambientes de exposição a fenómenos culturais como pedras basilares para o desenvolvimento harmonioso da criança.[19]

---

[18] Machado, J. J. S. (2015). A Emergência da Leitura no Jardim-de-Infância (porque "de pequenino se torce o pepino"). In F. Azevedo, M. G. Sardinha, P. Osório (Coord.), *Ensino do Português. Do Jardim ao Primeiro Ciclo. Práticas em Sala de Aula* (pp. 61-67). Braga: Centro de Investigação em Estudos da Criança / Instituto de Educação. ISBN: 978-972-8952-39-6.

[19] Orientações Curriculares para o Pré-escolar: despacho nº 5220/97, de 10 de junho.

Também as Metas Curriculares[20], ao pretenderem ser um documento auxiliar e facilitador das Orientações atrás referidas, vêm ajudar os profissionais de ensino, não apenas no que à *praxis* diz respeito, mas a estabelecer pontes com as famílias.

Assim, proponho-me dissertar acerca de alguns fatores que contribuíram para que a democratização na educação das crianças se instalasse de forma mais assertiva.

1. Leitura(s): normativos e boas práticas

Para que ganhe sentido a ação interventiva de qualquer sujeito na sociedade, saber ler é hoje um processo considerado fundamental, na perspetiva da compreensão. No entanto, as práticas de leitura no nosso país, quando equacionadas à luz das necessidades reais da população, parecem padecer ainda de muitas limitações. Neste sentido, entende-se que, desde muito cedo, a escola e a sociedade devem reconhecer na leitura (e nas práticas a esta associadas) a urgência de um movimento de renovação e recontextualização, uma vez que, pela sua transversalidade, ela está na base de todas as aprendizagens, abrangendo as distintas áreas do conhecimento: sem a capacidade de compreender os escritos, não é possível aos sujeitos desenvolverem competências no âmbito da literacia, seja qual for o domínio. (Machado, 2011) [21]

---

[20] Ver http://metasdeaprendizagem.dge.mec.pt/educacao-pre-escolar/metas-de-aprendizagem/

[21] Vários estudos, nacionais e internacionais, referem-se a um número significativo de alunos com lacunas na aprendizagem e desempenho na leitura, sendo que, à medida que a escolaridade avança, mais parecem crescer as dificuldades na compreensão do sentido dos textos que, por sua vez, se vão tornando cada vez mais densos, abstratos, técnicos e gramaticalmente complexos. (Scott, 1993).

Atualmente, a leitura começa, quer na primeira socialização dos sujeitos, quer no ensino mais formal. Neste mister, cabe ao jardim-de-infância o primeiro papel.

Os jardins-de-infância começaram a "ganhar forma" no pós-25 de abril, embora o enquadramento para este nível de ensino tenha surgido apenas alguns anos depois.[22] Ao longo das últimas décadas, houve uma grande evolução no número de estabelecimentos, o que tornou mais fácil e quase universal o acesso ao ensino pré-escolar. Com um investimento sério na formação de profissionais, cremos que Portugal está no bom caminho:

> [...] a educação pré-escolar, ainda que de frequência facultativa, é o primeiro degrau de um longo caminho educativo com um peso decisivo no sucesso escolar e social dos jovens, e o jardim-de-infância configura-se como um espaço de tempo privilegiado para aprendizagens estruturantes e decisivas no desenvolvimento da criança. Nesse processo, são inquestionáveis o papel e a importância da linguagem como capacidade e veículo de comunicação e de acesso ao conhecimento sobre o mundo e sobre a vida pessoal e social. (Nunes, Silva & Sim-Sim, 2008: 7)

Felizmente, o jardim-de-infância está a cumprir a missão de que foi incumbido e foi-se ganhando uma nova consciência: a de que a entrada no *mundo das letras*, como lhe chama Rigolet (1998), começa no jardim-de-infância, sendo fundamental para aprendizagem da leitura.

Sendo a escola o cenário por excelência da aprendizagem mais formal da leitura, e conscientes dos limites e inovações desta nova sociedade do conhecimento, estou convicto de que a

---

[22] Ver Decreto-Lei 542/79, de 31 de Dezembro: *Estatutos dos Jardins-de-Infância do sistema público de Educação Pré-escolar.*

aquisição e desenvolvimento de competências nesta área estão, igualmente, condicionados por certas características inerentes aos contextos escolares, tais como, a ausência de práticas efetivas de leitura, ausência de suportes diversificados, a par do surgimento de outras áreas emergentes, que, assumindo uma atitude considerada mais pragmática, em nada, ou em quase nada, valorizam as práticas de leitura.

Alguns fatores contribuíram para que a criança começasse a ser vista como sujeito ativo e participativo. Pensamos poder afirmar que os Direitos da Criança[23] foram o ponto de partida para este novo paradigma, espelhados na celebração do Dia Mundial da Criança (celebrado cada 10 de junho); a eclosão da chamada Literatura Infantil, o alargamento da rede das bibliotecas públicas, a revitalização das BECRE, o dinamismo do professor bibliotecário (cada vez mais atento às necessidades das crianças) são outros exemplos.

Contudo, cabe-me enfatizar a formação dada aos Educadores de Infância e Professores do 1º Ciclo. Enquanto docente na área das Letras, posso, pelo meu percurso formativo, afirmar da pertinência da inclusão de áreas disciplinares que englobam cadeiras, como, Literaturas para a Infância, Literaturas Orais e Marginais, Literaturas Populares,...

Com tais princípios, onde se sensibilizam os estudantes para a importância do jogo no crescimento social e pessoal da criança, nomeadamente através de lengalengas, adivinhas, canções, trava-línguas, trabalha-se fundamentalmente a aquisição e desenvolvimento da linguagem, a par da emergência da literacia leitora, ao mesmo tempo que se valorizam as aprendizagens de que todas as crianças já são portadoras. Penso que, com tal envolvimento, se potencia o grande desiderato previsto no

---

[23] Declaração dos **Direitos da Criança**. Proclamada pela Resolução da Assembleia Geral 1386 (XIV), de 20 de Novembro de 1959.

Relatório para a UNESCO da Comissão Internacional sobre Educação para o século XXI (coordenação de Jacques Delors), de que a escola/ instituição deve incentivar o sujeito a
Aprender a conhecer;
Aprender a fazer;
aprender a viver com os outros;
para, no fundo,
aprender a ser.

2. O Livro

Pode-se afirmar que, atualmente, o livro, mais particularmente o de Literatura Infantil, está presente em todas as escolas e em quase todas as práticas de docência, uma vez que se torna fundamental criar ambientes de aprendizagem da leitura e da escrita, preparando os sujeitos para os ciclos de estudos vindouros. Assim, a escola cumpre a obrigação de fazer a promoção da cultura assente no primado do livro. Autores, como Martins (2010) e Pires (2001), têm vindo a evidenciar este aspeto ao referir-se a este artefacto como algo indispensável na cultura dos sujeitos: "O acesso à herança cultural através do livro permite um auto-conhecimento que funciona como construção de personalidade e como via de socialização […]" (Pires, 2001: 26).

Neste sentido, acreditamos que o livro, associado aos aportes culturais de base, permite, como diz Rigolet (1998), a entrada no mundo da literacia, cria apetência para ler, incentiva a leitura por prazer, ajudando, no dizer Bastos (1999), a estabelecer pontes com as famílias e com o mundo. Retomando Rigolet (1998: 162), "o livro narra, informa, esclarece, pergunta, responde,…"

Não resistimos a citar Azevedo (2007: 151), quando, no âmbito da Literatura Infantil, se refere ao livro como objeto que comporta universos capazes de levar a leituras que não se reduzem a comportamentos de tipo "ingénuo ou gastronómico, ausentes dos bosques da ficção". Com efeito, na ótica deste autor, assim se devem formar sujeitos pensantes e atuantes, capazes de leituras plurívocas, experimentando a língua na sua pluralidade de contextos e funções. Todavia, numa sociedade agitada e voraz, com gerações presas a modalidades várias, como as redes sociais, os jogos eletrónicos ou o *zapping* televisivo, não se afigura tarefa fácil formar o tipo de leitor encontrado em Eco (2004). Caberá à escola, como verdadeira agência de literacia, a árdua missão de contrariar tais tendências, formando leitores com "comportamentos interpretativos diversos, em função dos objectivos da leitura, tipo de textos e contextos em que ela tem lugar." (Azevedo, 2007: 151)

Perante o panorama atual da leitura em Portugal, nunca é demais falar de leitura, embora esta possa parecer um terreno déjà vu, na certeza de que a escola precisa da família como esta necessita da escola para que se possam formar leitores proficientes.

Referências
AZEVEDO, F. (2007). Nota de abertura. In F. Azevedo (coord.). *Formar Leitores – Das teorias às práticas* (pp. XIII-XVI). Lisboa: Lidel.
BASTOS, G. (1999). *Literatura Infantil e Juvenil*. Lisboa: Universidade Aberta.
DELORS, J. (1996). *Educação, um tesouro a descobrir*. Lisboa: Edições ASA.
ECO, U. (2004). *Os Limites da Interpretação*. 2ª Edição. Algés: Difel.
MACHADO, J. (2011). *De uma competência de leitura a uma competência de Cultura: níveis de Literacia na Escola portuguesa*. Covilhã: Universidade da Beira Interior (tese de Doutoramento não publicada).

MARTINS, E. C. (2010). *Luzes e sombras em tempos de rupturas. Educação e Ética nos laços da (Pós)modernidade*. Coimbra: Palimage.

PIRES, Mª. da N. (2001). *Da literatura tradicional à literatura contemporânea – Pontes e Fronteiras* (Tese de Doutoramento). Coimbra: Faculdade de Letras da Universidade de Coimbra.

RIGOLET, S. (1998). *Para uma aquisição precoce e optimizada da linguagem – Linhas de orientação para crianças até aos 6 anos*. Porto: Porto Editora.

SCOTT, J. (1993). *Science and language links*: *Classroom Implications.* Portsmouth, NH: Heinemann.

SIM-SIM, I., SILVA, A. C. & NUNES, C. (2008). *Linguagem e Comunicação no Jardim-de-Infância*. Texto de apoio para Educadores de Infância. Lisboa: DGIDC – Ministério da Educação.

Capítulo 7

Representações dos Educadores de Infância acerca do Ensino da Língua Portuguesa na Educação Pré-Escolar [24]

Maria Teresa Gadanho de Oliveira e Félix
Paulo Osório
Universidade da Beira Interior

Introdução

Perceber e mostrar as perceções e práticas do ensino da Língua Portuguesa na educação pré-escolar, a partir da questão formulada a um pequeno número de educadores de infância, em exercício de funções, constitui o cerne do presente artigo. Partindo de um guião de entrevista desenvolvido e aplicado, foi nossa vontade compreender os percursos seguidos por diferentes profissionais da educação pré-escolar ao nível das conceções e práticas de cada um com a Língua Portuguesa, situando-se, portanto, esta investigação no âmbito do estudo de caso qualitativo.

---

[24] Félix, M. T. G. O. E Osório, P. (2015). Representações dos Educadores de Infância acerca do Ensino da Língua Portuguesa na Educação Pré-Escolar. In F. Azevedo, M. G. Sardinha, P. Osório (Coord.), *Ensino do Português. Do Jardim ao Primeiro Ciclo. Práticas em Sala de Aula* (pp. 69-104). Braga: Centro de Investigação em Estudos da Criança / Instituto de Educação. ISBN: 978-972-8952-39-6.

O complexo desenvolvimento da criança compreende interações que assumem uma importância significativa no âmbito do progresso cognitivo-linguístico e a aprendizagem da língua materna faz parte do desenvolvimento da criança e o seu sucesso encontra-se ligado à postura intencional dos educadores, porquanto estimulam a emergência de comportamentos falantes, a partir da criação de ambientes educativos em que a linguagem tem um papel significativo.

Vivendo nós numa sociedade em que a literacia é vital, a linguagem é uma ferramenta de trabalho essencial no quotidiano do jardim de infância e a criança suporta o seu saber com perguntas e respostas em interação com os outros e com o meio onde se encontra inserida, de onde ressalta a importância da metacognição que é convocada pelos educadores, bem como a sua preocupação no sentido de desenvolver a consciência metalinguística das crianças.

1. Descrição do Estudo

O presente trabalho insere-se no âmbito da investigação-ação, pois visa uma reflexão sobre práticas pedagógicas utilizadas pelos educadores de infância, no âmbito da língua portuguesa aquando da sua planificação e prática em contexto de jardim de infância. Coloca-se, portanto, a ênfase prática na resolução de problemas, pelo que uma investigação-ação acaba por ser uma abordagem interessante, sobretudo para os profissionais da educação que frequentemente identificam problemas no decurso do seu trabalho e se propõem investigá-los a fim de, se possível, aperfeiçoarem a sua ação.

Esta investigação enquadra-se igualmente no estudo de caso qualitativo, em que se pretende "responder a questões de como ou porquê; o investigador não pode exercer controlo sobre os acontecimentos e o estudo focaliza-se na investigação de um fenómeno atual no seu próprio contexto", contam Carmo e

Ferreira (1998: 216) e tem significado na medida em que permite conhecer melhor uma realidade concreta, descrevendo as perceções de alguns dos seus intervenientes.

Carmo e Ferreira (1998: 217) resumem, da seguinte forma, as características de um estudo de caso de natureza qualitativa:

> (...) particular – porque se focaliza numa determinada situação, acontecimento, programa ou fenómeno; descritivo – porque o produto final é uma descrição "rica" do fenómeno que está a ser estudado; heurístico – porque conduz à compreensão do fenómeno que está a ser estudado; indutivo – porque a maioria destes estudos tem como base o raciocínio indutivo; holístico – porque tem em conta a realidade na sua globalidade. É dada uma maior importância aos processos do que aos produtos, à compreensão e interpretação (...).

Este raciocínio holístico permite adquirir uma visão integrada das dimensões implícitas nas perceções reveladas pelos intervenientes de jardins de infância do concelho do Fundão. O seu carácter naturalista permite percecionar a verdadeira essência do problema, pois ao não serem criadas limitações para a compreensão do que se pretende estudar, consegue-se explorar verdadeiramente uma determinada realidade.

Bogdan e Biklen (1994: 51) referem ainda que "os investigadores qualitativos em educação estão continuamente a questionar os sujeitos da investigação", considerando que esta é uma forma de tentar entender as suas experiências sob o seu exato ponto de vista.

Na verdade, todos estes considerandos prendem-se com a metodologia de trabalho de projeto, uma vez que respondem a objetivos centrais do educador que não se confina ao seu espaço de sala de jardim de infância, mas antes procura compreender a realidade daqueles que diariamente são confrontados com as enormes exigências impostas pela tutela – Ministério da

Educação e Ciência (MEC) -, ajudando à identificação e à capacidade de resolução de problemas.

Face à realidade diária e à problemática suscitada que nos propomos estudar, procederemos à análise dos dados usando o modelo de análise proposto por Bardin (2009).

Indubitavelmente, no campo da educação, a metodologia adotada para a resposta ao problema colocado inicialmente e analisado à luz dos princípios da investigação-ação é a análise de conteúdo que, de acordo com Bardin (2009), se baseia num conjunto de técnicas de análise das comunicações e utiliza procedimentos sistemáticos e objetivos de descrição do conteúdo das mensagens – "Isto porque a análise de conteúdo se faz pela prática", Bardin (2009: 51), tendo uma realidade legislativa e pedagógica como ponto de partida.

De acordo com Bogdan e Biklen (1994), a técnica de recolha de dados que mais frequentemente se utiliza na investigação qualitativa são as entrevistas com os participantes.

Respeitante à técnica de recolha de dados - a entrevista - Carmo e Ferreira (1998: 125-126) afirmam que ela surge quando

> (…) ocorre a interação direta entre o entrevistador e o entrevistado. Para a entrevista poder ser mais eficaz, o entrevistador deve reduzir a sua área secreta através da apresentação adequada da sua pessoa, do problema que está na base da pesquisa e do papel que se espera que o entrevistado assuma. Desta forma, aumentará a tendência para que este colabore e partilhe voluntariamente informação relevante para a investigação (…).

Bogdan e Biklen (1994) classificam as entrevistas qualitativas consoante o seu grau de estruturação: não estruturadas, semiestruturadas e estruturadas. A entrevista não estruturada é uma entrevista aberta em que o entrevistador, partindo de tópicos pré-definidos, leva o entrevistado a falar sobre aquilo que pretende, cabendo ao investigador promover, encorajar e orientar a participação do entrevistado. Na entrevista semiestruturada, que vários autores como Quivy (2005) enumeram como semidiretiva, o entrevistador elabora perguntas-guia que se destinam a orientar o desenvolvimento da entrevista, que se vai adaptando às características do entrevistado e permite que vários entrevistados respondam às mesmas questões, fornecendo neste sentido a possibilidade de obter dados comparáveis.

Ao apropriar-nos destas conceções, optámos pela realização de entrevistas semiestruturadas, sustentadas num guião que permitiu que todos os entrevistados respondessem às mesmas questões, mas com alguma liberdade nas suas respostas.

As entrevistas têm a sua pertinência para o estudo enquanto técnica de recolha de dados, pois como expõem Quivy e Campenhoudt (2005: 192) "permitem ao investigador retirar das entrevistas informações e elementos de reflexão muito ricos e matizados." Foram observados alguns cuidados a ter na entrevista, a efetuar presencialmente, num ambiente que se pretende de empatia e cumplicidade entre os intervenientes, onde fossem levantadas questões e se soubesse o ponto de vista do outro como forma de ajudar o investigador a colher todos os dados que considera pertinentes para o estudo e, portanto, levar os entrevistados a desenvolver mais os detalhes que pretende para a sua interpretação.

Assim, estruturou-se e construiu-se o guião das entrevistas, que a seguir se apresenta, para utilizar como instrumento de gestão a partir das questões de investigação formuladas por categorias e subcategorias e sua subsequente análise, que se propõem, com base nos objetivos formulados, dar apoio à recolha de informação para o estudo, através da aplicação a seis educadores.

Guião das entrevistas

1. Identificação e habilitações
2. Frequência de ações de formação
2.1 Importância de um currículo
3. Práticas educativas
3.1 Progressão e articulação das aprendizagens
4. Respostas abertas

Os objetivos da entrevista recaem na identificação e habilitações dos entrevistados, na sua autoformação e na prática educativa. De facto, é nossa intenção conhecer o modo como os educadores desenvolvem a sua prática educativa tendo em conta os normativos, bem como o(s) modelo(s) que norteia(m) a sua prática.

O local escolhido para as entrevistas foi exterior à sala de aula para que os educadores tentassem abstrair-se do seu espaço de trabalho. A duração desta técnica foi de cerca de uma hora, aproximadamente.

Para uma melhor compreensão dos discursos contidos nas entrevistas elaboraram-se categorias e subcategorias tendentes a uma análise de conteúdo. As categorias resultaram dos grupos que concebem o guião das entrevistas e quanto às subcategorias apoiamo-nos nas *Orientações Curriculares da Educação Pré-Escolar* (OCEPE), tendo ainda por referência a Escala de Empenhamento do Adulto[25], pois a investigação tem apontado

---

[25] Cf. Formosinho (2009: 16-17) "A Escala de Envolvimento do Adulto - método desenvolvido por Laevers mas modificado por Bertram (...) assenta na noção de que o estilo de interações entre o educador e a criança é um fator crítico para a eficácia da experiência de aprendizagem. Este projeto identifica três elementos nucleares no estilo de um educador de infância, o qual vai definir a qualidade dessas interações. **Sensibilidade.** Trata-se neste caso da sensibilidade do adulto aos sentimentos e bem-estar da criança e inclui elementos de sinceridade, empatia, capacidade de resposta e afeto.

que "os estilos de interação do adulto estão relacionados com a aprendizagem das crianças (Aspy e Roebuck, 1997; Rogers 1983)" conforme refere Formosinho (2009: 15).

Neste estudo, as entrevistas a realizar aos educadores prendem-se com o facto de estes deterem experiência profissional em jardim de infância e daí serem questionados sobre a sua opinião em relação ao estudo da Língua Portuguesa na Educação Pré-Escolar e as suas práticas, neste nível de educação.

Na elaboração do guião da entrevista, constituído e organizado por diversas questões, foram respeitados os objetivos que se pretendem tratar e aqui elencados:

 i) Identificar dados dos educadores para análise das diversas categorias como: habilitações, vínculo laboral, anos de serviço;

 ii) Perceber se os educadores sentem necessidade de formação complementar;

 iii) Perceber como se reconhecem na prática educativa.

Antes da aplicação das entrevistas, procedeu-se à validação do guião por uma docente com experiência profissional, como forma de permitir elucidar e/ou clarificar as questões, indicar a sua sequencialidade e apurar a duração da entrevista.

Relativamente à organização da informação, preparar e proceder ao processo de codificação das entrevistas tornou-se o passo primordial a dar, como forma de se iniciar a organização do

---

Estimulação. Esta é a forma por que o adulto intervém num processo de aprendizagem e o conteúdo de tais intervenções. **Autonomia.** Este é o grau de liberdade que o adulto dá à criança para experimentar, fazer juízos de valor, escolher atividades e expressar ideias. Inclui também o modo como o adulto gere os conflitos, os regulamentos e as questões comportamentais."

tratamento de dados e, posterior, resposta elucidativa à questão inicial do presente trabalho.

Por conseguinte, num primeiro momento foi necessário recorrer a códigos de identificação dos testemunhos recolhidos através das entrevistas efetuadas, a fim de facilitar a integração dos depoimentos no decorrer do nosso estudo. Com o intuito de mantermos o anonimato, optámos pela utilização de letras e números, as primeiras relativas aos educadores e os segundos relativos ao número da entrevista.

Segundo Bogdan e Biklen, ao desenvolvermos categorias é necessário "procurar as palavras e frases que os sujeitos utilizam e que não lhe sejam familiares, ou que são utilizadas de uma forma habitual. Se as frases não constituírem por si só categorias de codificação, é fundamental destacar palavras específicas e agrupá-las dentro de um código genético" (Bogdan e Biklen, 1994: 233). Assim sendo, definimos uma lista de palavras que pudessem corresponder e dar resposta aos objetivos por nós definidos, tendo nós optado pela divisão nas categorias e subcategorias que se encontram na figura abaixo:

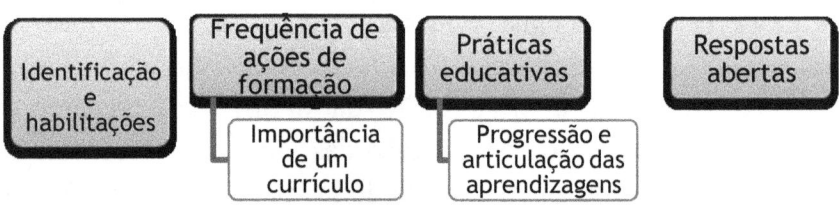

Fig. 1 - Identificação e Habilitações

Foram aplicadas seis entrevistas semiestruturadas a seis educadores que exercem a sua atividade profissional em jardins de infância públicos e IPSS no concelho do Fundão, por ser o concelho no qual exercemos também nós a nossa atividade profissional.

Deste grupo de educadores, temos a considerar a representação que se faz no quadro abaixo sobre o seu vínculo laboral, isto é, se pertencente ao quadro de zona pedagógica (QZP), quadro de agrupamento (QA) ou outra, aqui refletida em efetivo de uma instituição particular e de solidariedade social (IPSS), como se mostra na seguinte leitura:

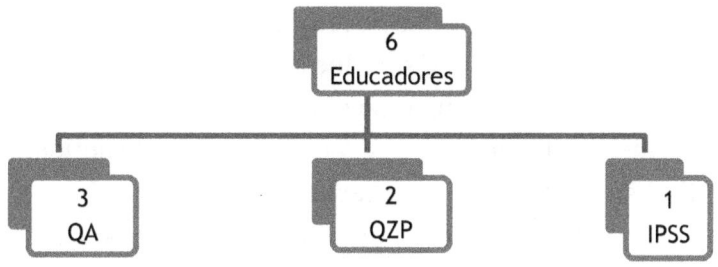

Fig. 2 - Situação Profissional

A figura seguinte, sobre tempo de serviço, representa os anos de experiência profissional destes educadores, os quais têm entre 12 e 29 anos de serviço, ou seja, uma larga experiência no desempenho das suas funções docentes:

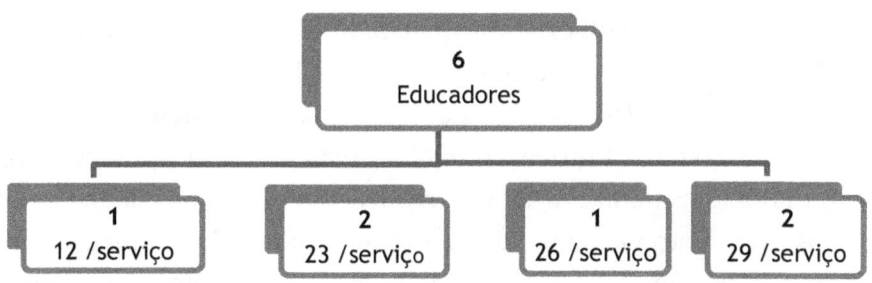

Fig. 3 - Anos de Serviço

Neste estudo, existem diferentes níveis iniciais de formação académica dos educadores. Na sua formação académica, curso inicial de educadores de infância, predomina o bacharelato. Dos seis entrevistados, temos a referir cinco com nível de bacharel e um licenciado.

No que diz respeito à exigência de grau de bacharelato e/ou a licenciatura para todos os educadores foi publicado o *Decreto-Lei nº 241/2001* com o *Perfil Geral para Educadores de Infância* e os *Perfis Específicos* com o *Decreto-Lei nº 240/2001*, documento este onde se estabelecem as competências para este grau de ensino. Dos seis educadores, quatro recorreram posteriormente aos complementos de formação para se equipararem a licenciados e desses um beneficiou de especialização. Um manteve-se bacharel.

A formação contínua de docentes mostra-se-nos como um processo de valorização das competências do docente, o mesmo acontece quando falamos de educadores. Na continuidade do percurso percorrido e aliado à sua experiência pessoal, dos seus saberes como profissional e do trabalho que concretiza no jardim de infância, sobrévem a formação numa dimensão que entendemos de melhoria na educação e para a educação enquanto percurso opcional do desempenho do profissional.

Entendemos a formação como meio de mudança na construção da melhoria da qualidade da educação, tendo em conta o número de educadores que se implicou em complementos de formação decorrentes de oportunidades facilitadoras da valorização da sua formação inicial. Esta mesma preocupação foi notada nas entrevistas que realizámos onde constatámos que dos seis entrevistados, 5 realizaram ações de formação em diferentes domínios e um deles E_5 afirma mesmo que *"gosto sempre de me atualizar"*. Dois dos entrevistados, AM_2 e F_6, consideraram *"relevantes"* e *"importantes"* as formações que frequentaram para a sua atualização na carreira.

Estas observações vão ao encontro daquilo que é nosso entendimento pelos normativos que foram sendo publicados neste domínio. Vemos a formação contínua de docentes instituída em

Portugal, numa fase primeira, como um direito (Lei nº 46/86, de 14/10/1986) e, posteriormente, como um dever (DL nº 344/89, de 11/10/1989), ser entendida como oportunidade e forma de desenvolvimento profissional para docentes.

Tal como temos vindo a referir, a formação dos educadores reveste-se de maior importância quando a mesma passa para o contexto da sala de aula, com as crianças. É aqui que há momentos que possibilitam melhorias na qualidade dos contextos a desenvolver e a potenciar, dada a experiência colaborativa existente e a oportunidade para o desenvolvimento profissional, evitando-se assim riscos de observarmos práticas rotineiras e desinteressantes tanto para a criança como para o próprio educador.

A cultura pedagógica recebida enquanto aluno e as aprendizagens vivenciadas e experienciadas são-nos referenciadas por Formosinho (2013: 12) como "tão ou mais importantes para o desenvolvimento humano e profissional como as aprendizagens resultantes dos processos estruturados de ensino e aprendizagem" organizado em torno dos saberes e de uma renovação das práticas.

1.1 Importância de um Currículo

As intenções curriculares enquanto momentos adequados ao desenvolvimento de competências da criança entendem-se como tendências que permitam tornar as técnicas e as práticas aliadas aos saberes. A adequação das práticas desenvolvidas pelo educador às necessidades da criança decorre de intenções organizacionais contextuais facilitadores de um percurso de sucesso da criança, tanto como processo de continuidade do que a criança já sabe como de um processo de intencionalidades e pensado por forma a adequar a ação e a prática do educador às necessidades da criança.

Entendemos as finalidades curriculares como consolidação das aprendizagens realizadas num ou em espaço formal com base nas competências da educação de infância, na promoção de melhor qualidade e enriquecimento pessoal, orientada para a tomada de decisões, benéficas à sua integração plena na vida cívica, social e cultural de forma articulada e globalizante dos saberes que se relacionam com a criança em idade pré-escolar.

A necessidade de existência de um currículo (por competências) constitui-se como um suporte ao trabalho desenvolvido pelo educador. O currículo prende-se com a necessidade de a prática educativa poder ser sustentada e gerida por um suporte que sirva de apoio aos conhecimentos e saberes em uso na ação do educador e, assim, compreender qual a sequencialidade do processo educativo a percorrer e quais os conceitos e saberes a associar às competências a adquirir de forma adequada e como complemento das aprendizagens já abarcadas. Cabe ao educador o papel de elaborar a síntese da sua ação educativa, com base nas OCEPE, onde organiza as suas opções e estratégias para o contexto das intencionalidades educativas, como um documento de referência comum a todos os educadores e aberto às conceções educativas de cada um.

Nesse sentido, procurámos saber, junto dos nossos entrevistados, qual a sua opinião em relação à importância de um currículo no decorrer da organização das suas práticas educativas. Na verdade, apenas um educador, AM_1, afirma *"Sim à existência de um currículo"*, ainda que depois descreva a sua ação em sala como estando dependente das OCEPE e das *Metas de Aprendizagem* para a Educação Pré-Escolar. Para além disso, acrescenta que a sua prática pedagógica assenta numa planificação anual, a partir da qual vai estruturando toda a sua ação:

> *Existe uma planificação anual das atividades (hora do conto, registos escritos, jornal de sala,*

> *construção de livros, conversas formais e conversas informais, dia da biblioteca, etc.), a partir da qual serão elaboradas planificações mensais, semanais e diárias. Estas planificações serão efetuadas de acordo com as necessidades e interesses do grupo de crianças.* (AM_1)

O educador AM_2, por seu turno, destaca o facto de não ser vital a existência de um currículo, na medida em que *"As Orientações Curriculares para a Educação Pré-Escolar são suficientes para a gestão do currículo."*

Os restantes educadores realçaram as OCEPE e as *Metas de Aprendizagem* como dois instrumentos bastante importantes e relevantes para a planificação do trabalho a realizar com as crianças nos diversos domínios do Saber.

Decorre desta leitura que o currículo não é estruturante, já que os dois documentos emanados pelo Ministério da Educação são extremamente detalhados, ao ponto dos Educadores poderem planificar e trabalhar com as crianças a partir de uma linha orientadora comum a todos os educadores que exercem funções nos jardins de infância. Para além disso, pode constatar-se no preâmbulo às *Metas de Aprendizagem* (2009: 1) o seguinte:

> Estas metas facultam um referencial comum que será útil aos educadores de infância, para planearem processos, estratégias e modos de progressão para que, ao entrarem para o 1.º ciclo, todas as crianças possam ter realizado as aprendizagens, que são fundamentais para a continuidade do seu percurso educativo.

Por conseguinte, a importância de um currículo por competências na educação de infância mostra-se como um processo de percurso, de intenções, de aquisições em função do nível etário e das características individuais da criança. As competências a adquirir e a verificar à saída do jardim de infância refletem a ação educativa e as vivências experienciadas pela criança ao longo do seu percurso formativo não podendo ser divididas de forma estanque por cada nível etário a que dizem respeito. Contudo, são partes de um processo gradual a desenvolver-se de forma contínua e progressiva, como o provam as opiniões dos entrevistados no Anexo I, Tabela 4, quando se fala da funcionalidade de um currículo na prática educativa, na subcategoria domínio da língua:

> *(...) conversas formais e informais (...). As planificações serão efetuadas de acordo com as necessidades e interesses do grupo de crianças.* (AM_1)
>
> *De várias formas. (...) o Projeto "Prazer de Ler" e que dá a possibilidade aos pais de interagirem com a escola (...) onde os alunos escolhem um livro no cantinho da leitura e levam para casa durante o fim de semana, acompanhado de uma Ficha de Leitura que vai ser preenchida com a ajuda da família.* (AM_2)
>
> *(...) nós tivemos o Projeto "Comunicação e Expressão", este ano é as expressões, no ano passado foi a comunicação, elaboramos um Jornal onde todos participaram (...) falamos dos grafismos, a direção da escrita, diferenciamos a palavra dos números (...).* (AL_3)
>
> *(...) Eu procuro logo mesmo nos três anos que comecem logo a fazer frases complexas, sempre com sujeito, verbo e complemento.* (C_4)
>
> *Primeiro do que tudo são as nossas conversas, os diálogos, os meninos trazerem as experiências deles (...)* (E_5)
>
> *A intenção educativa está sempre presente; em todas as atividades que são desenvolvidas ao longo do dia (...) portanto é através da planificação, é através das perguntas que se fazem (...) e do interesse da criança (...)* (F_6)

Na verdade, e sendo o jardim de infância um espaço privilegiado de rotinas, as práticas pedagógicas relacionadas diretamente com o uso da língua acabam por ter ser uma constante, desde o momento de acolhimento das crianças, até aos momentos de conversas formas e informais, passando por diálogos constantes que são travados entre crianças e educadores, ou crianças-crianças, onde a comunicação oral é, por excelência, o meio de partilha de experiências e vivências, facto que obriga a uma constante regulação e correção por parte do adulto que trabalha com o grupo.

A este propósito, o entrevistado AL_3 constata de forma perentória: *"É a nossa língua"*. Infere-se, pois, que a língua materna é trabalhada em todas as suas vertentes, mas a oralidade é um dos espaços mais relevantes para a concretização dos pressupostos nas OCEPE e nas Metas de Aprendizagem. Assim, com ou sem currículo obrigatório definido pela tutela, há uma certeza: as práticas têm princípios que são transversais a todos os profissionais, mesmo que a sua formação inicial ou idade possa ser diferente. Este mesmo desiderato é ilustrado no preâmbulo das Metas de Aprendizagem (2009):

> Sendo essas aprendizagens definidas para cada área de conteúdo, sublinha-se que, na prática dos jardins-de-infância, se deve procurar sempre privilegiar o desenvolvimento da criança e a construção articulada do saber, numa abordagem integrada e globalizante das diferentes áreas.

1.2 Práticas Educativas

Poderemos perceber a importância do papel do educador enquanto observador singular sobre o Grupo ou sobre a criança que lhe permitirá recolher a informação tida por pertinente sobre a progressão das aprendizagens e a forma como passará a estabelecer o planeamento da sua intencionalidade no processo educativo e formativo da criança, bem como dos efeitos que daí possam resultar. Ao educador cabe a tarefa de refletir sobre o progresso das aprendizagens que cada criança consegue. Este tomar de "consciência da ação" mencionado nas OCEPE (1997: 27) ir-nos-á possibilitar formular e reformular as interações com cada criança, o que se repercutirá na progressão de saberes e experiências vivenciadas.

Questionados os nossos entrevistados sobre as práticas educativas, ou mais concretamente, sobre a *praxis* no quotidiano do jardim de infância, quanto ao "Domínio da linguagem oral e abordagem escrita", como estabelecido nos documentos emanados pelo Ministério da Educação, as respostas foram todas no sentido de enfatizar a importância deste domínio como transversal e, por conseguinte, primordial aquando da planificação do trabalho a desenvolver com as crianças.

Ao jardim de infância e aos profissionais que aí trabalham compete, antes, despertar as crianças para o mundo que as rodeia, convocar os seus saberes que estão já interiorizados, fruto do processo de socialização a que todos estamos sujeitos, desde o momento em que nascemos e passamos a integrar um núcleo familiar, no seio do qual damos os primeiros passos na aprendizagem de uma língua, de valores e atitudes que nos enformarão ao longo da nossa vida. Depois, à escola compete trabalhar esta diversidade, para a partir daí a criança perceber que há regras e procedimentos que são comuns a todos, ainda que o início seja diferente.

A rotina no jardim de infância "educativa porque é intencionalmente planeada pelo educador", como ilustrado nas OCEPE (1997: 40), é algo familiar aos seis entrevistados e é curioso verificar que todos eles associam a promoção da língua portuguesa a rotinas e a todos os momentos em que a interação verbal ocorre, pois é certo que à metacognição que a criança possui carece dar corpo metalinguístico, a fim de a criança começar, o mais cedo possível, a compreender que há regras inerentes à língua que só a escola formal poderá desenvolver. Na verdade, importa sintetizar aqui o que se entende por metacognição neste momento de formação da criança. Efetivamente, a metacognição, tal como definida por Flavell (1979), consiste na designação atribuída ao conhecimento e faculdade de planificar, de dirigir a compreensão e de avaliar o que foi aprendido. Cremos, contudo, que na educação pré-escolar a criança ainda não possui esta faculdade na sua plenitude, mas a "monitorização cognitiva" (Flavell, 1979) começa já a existir na medida em que entre os diferentes aspetos contemplados pelo autor referenciado, e citado por Ribeiro (2003: 111), merece relevância no âmbito do presente estudo:

> As experiências metacognitivas prendem-se com o foro afetivo e consistem em impressões ou perceções conscientes que podem ocorrer antes, durante ou após a realização de uma tarefa. Geralmente, relacionam-se com a perceção do grau de sucesso que se está a ter e ocorrem em situações que estimulam o pensar cuidadoso e altamente consciente, fornecendo oportunidades para pensamentos e sentimentos acerca do próprio pensamento.

Nesta senda, acrescenta Flavell, aludido por Ribeiro (2003: 111) que

> (...) podemos falar em *experiência metacognitiva* sempre que é experienciada uma dificuldade, uma falta de compreensão, um sentimento de que algo está a correr mal (...). Estas experiências são importantes, pois é, através delas que o aprendiz pode avaliar as suas dificuldades e, consequentemente, desenvolver meios de as superar.

Esta ideia acaba por estar presente também no momento da planificação do trabalho a desenvolver com as crianças na sala do jardim de infância. São os próprios educadores que referem que fazem uso desta experiência metacognitiva, quando, por exemplo descreve:

> *(...) e normalmente gosto de começar o dia ou com uma história ou com uma poesia ou com uma frase e desenvolver (...) saber a intenção do que o autor às vezes pretende com determinada frase e pretendo que as crianças (...) formem até pequenas histórias a partir de outra história.* (C_4)

A este conceito vem juntar-se, então, o de rotina, como anteriormente mencionado, e a esse propósito importa transcrever as palavras mais marcantes dos educadores, quando questionados sobre os momentos e espaços em que privilegiam o Português:

> *Acolhimento, avaliação do dia* (AM_1);
>
> *Em todos os momentos, mas principalmente na Hora do Conto* (AM_2);
>
> *É quase constante. (...) Sempre que há motivação. Eu privilegio a motivação inicial (...) ou a conversa na mantinha ou uma história ou uma música. Partimos sempre de uma atividade.* (AL_3)
>
> *Normalmente é o tapete onde nos encontramos de manhã ou nas almofadas onde nos reunimos, marcamos as presenças e a seguir às presenças iniciamos a atividade, normalmente com uma parte da Língua Portuguesa. Quando está bom tempo fazemos isso à sombra de uma árvore ou no jardim ou até fora da escola.* (C_4)
>
> *Geralmente é o período da manhã, apesar de estar presente todo o dia. (...) temos o cantinho da leitura que é o cantinho das conversas do grupo.* (E_5)
>
> *(...) é através das perguntas que se fazem, das perguntas divergentes e daquilo que sai do interesse*

> *da criança e promove-se depois nas rotinas diárias.*
> (F_6)

Se por um lado estas asserções se referem a rotinas, outras há que são naturalmente rotinas dos educadores enquanto facilitadores do processo de aprendizagem e crescimento da criança. Referimo-nos aqui, em particular, à necessidade que todos os educadores por nós contactados têm em corrigir a dicção das crianças, sempre que há incorreções várias.

Falámos, portanto, de rotinas, porém, muito há também a refletir no que concerne à intencionalidade educativa dos educadores em relação à promoção da língua. Na verdade, há atividades que conferem sentido às práticas implementadas diariamente no jardim de infância. As experiências de aprendizagem proporcionadas à criança e relacionadas com expressão e comunicação pretendem-se diversificadas e organizadas entre si de modo a poderem alicerçar a "aprendizagem de códigos que são meios de relação com os outros, de recolha de informação e de sensibilização estética, indispensáveis para a criança representar o seu mundo interior e o mundo que a rodeia" como está mencionado nas OCEPE por Silva (1997: 56) e lhe forneçam suportes essenciais à sua aprendizagem ao longo da vida, permitindo valorizar as descobertas da criança e estimular a exploração do meio envolvente, ou levá-la a procurar soluções perante os desafios proporcionados pelas interações em pequeno ou em grande grupo e que envolvam e facilitem a expressão da criança.

Pretende-se que durante o tempo de permanência da criança na educação pré-escolar lhe sejam dadas oportunidades e o apoio necessários a proporcionar a aquisição de um conjunto de competências essenciais até ao seu ingresso no ciclo seguinte.

Exemplo evidente desta postura é aquilo que os entrevistados referem como sendo uma prática recorrente, ao nível da expressão oral. O educador tem que estar sempre alerta em relação à forma como a criança se expressa oralmente, uma vez que é no jardim que tomam contacto com a aprendizagem formal da sua língua materna, pelo que atestam alguns dos entrevistados:

> *É quase constante* [os momentos em que privilegia o Português]. *Quando eu corrijo a dicção das palavras (...) muitos não sabem falar corretamente, quando falam mal, constroem mal uma frase eu corrijo, é quase sempre (...) tenho de estar sempre a corrigir.* (AL_3)

> *Eu procuro logo mesmo nos três anos que comecem logo a fazer frases complexas, sempre com sujeito, verbo e complemento. Para que... se eles praticarem... se no dia a dia falarem com frases complexas e utilizarem um maior leque de vocabulário possível, penso que é mais fácil quando chegarem ao primeiro ciclo...* (C_4)

As estratégias a utilizar pretendem-se ligadas à mobilização de saberes e ao modo de agir e de reagir com o fito de permitir que, pelas competências adquiridas, a criança tenha capacidade de aplicar, articular e mobilizar os diferentes saberes de forma adequada às situações em que se veja envolvida, permitindo-lhe compreender como se comportar em diferentes contextos e promovendo a capacidade de aplicar os seus conhecimentos em todas as situações que se lhes apresentem, respeitando o tempo de cada criança para que beneficie de oportunidades que a levem à progressão pela satisfação.

Nas entrevistas efetuadas, verificamos os educadores a usarem da palavra nesta senda:

> *As atividades de comunicação ocorrem tanto durante as atividades livres como nas atividades de grupo.* (AM_1)

> *Os pais leem com eles uma história, trabalham a história e (...) até um registozinho se gostaram*

> *muito, se gostaram pouco, se não gostaram (...).* (C_4)
>
> *(...) aprendem a identificar algumas letras dentro de uma palavra (...) e às vezes de pequenas palavras (...). Embora isso não seja feito exatamente com a intenção de que eles aprendam já a palavra ou a letra.* (C_4)
>
> *Fazemos a descrição e avaliação do trabalho realizado diária e semanalmente. Isto também faz com que eles desenvolvam a linguagem e no fundo a consciência daquilo que já conseguem e não conseguem fazer.* (F_6)

Entendemos, por conseguinte, as finalidades das *Orientações Curriculares para a Educação Pré-Escolar* como a promoção de melhor qualidade e enriquecimento pessoal, orientada para a tomada de decisões, benéficas à sua integração plena na vida cívica, social e cultural de forma articulada e globalizante dos saberes que se relacionam com a criança em idade pré-escolar na consolidação das aprendizagens realizadas.

Por exemplo, numa das entrevistas, detivemos a propósito da leitura em contexto da educação pré-escolar:

> *(...) abre outros horizontes. Uma história fá-los voar (...) a imaginação deles.* (AL_3)

Ou ainda, a propósito da intencionalidade existente no momento da planificação dos educadores, podemos encontrar pontos de vista interessantes:

> *(...) uma delas é o projeto "Prazer de Ler", que está integrado no Plano Nacional de Leitura e que dá a possibilidade aos pais de interagirem com a escola na atividade "O Livro Viajante"...* (AM_2)
>
> *Dentro dos objetivos programo sempre para aquela faixa etária no início do ano. (...)* (AL_3)

> *Procuro que todos os dias haja um momento em que seja destinado mais à Língua Portuguesa, embora esteja ligado às outras áreas curriculares...*
> (C_4)

Cabe ao educador o papel de elaborar a síntese da sua ação educativa, com base nas OCEPE, organizando as suas opções e estratégias para o contexto das intencionalidades educativas, tendo por base um documento de referência comum a todos os educadores e aberto às conceções educativas de cada um.

As competências a adquirir e a verificar à saída do jardim de infância refletem a ação educativa e as vivências experienciadas pela criança ao longo do seu percurso formativo não podendo ser divididas de forma estanque por cada nível etário a que dizem respeito, enquanto partes de um processo gradual a desenvolver-se de forma contínua e progressiva, como base na aquisição das mestrias a fazer ao longo da vida. A inquietação com a autonomia da criança leva-nos a perceber a forma de encarar o dia a dia da sala, de jardim de infância, pelo educador e a forma como se acha empenhado na organização do ambiente, dos espaços, das rotinas diárias, da diversidade de materiais, das intenções e interações educacionais que de forma deliberada e refletida se percebem no sentido de criarem condições de emancipação e segurança à criança na construção do eu e do outro. Ao entrar na realidade que são as relações interpessoais, de papéis sociais e familiares, das profissões, da leitura e da escrita, a criança transporta as suas recordações para as práticas de representação presentes no quotidiano da sala de atividades por áreas diferenciadas que se conseguem mostrar de forma organizada, permitindo à criança realizar aprendizagens significativas na emergência da literacia. Poderemos considerar que seja a partir das situações vividas na área das expressões, do faz de conta, do jogo, das ciências experimentais que o interesse da criança esteja acautelado, respeitado e alcançável ao brincar e aprender.

Assim, ao educador cabe a responsabilidade de decisão no momento da seleção dos materiais pedagógicos que se pretendem como um condutor integrador de todas as linguagens e como um auxílio fulcral para a mediação pedagógica entre o educador e a criança, fortalecendo a multiplicidade das experiências.

Este entendimento é, igualmente, transversal no discurso dos educadores entrevistados por nós. Todos eles não esquecem que no jardim-de-infância tudo é essencial para o desenvolvimento da criança, até por ser uma faixa etária em que a propensão para a novidade é total. É por isso que deixamos os testemunhos de quem diariamente aplica esta forma de trabalho:

> *A abordagem à leitura no jardim de infância é fundamental para estimular nas crianças o contacto com o código escrito e o gosto pela leitura. (...) São utilizados livros, jogos, registos e material de linguagem adequados à criança. As atividades de comunicação ocorrem tanto durante as atividades livres como nas atividades de grupo.* (AM_1)

> *(...) quando eu quero que eles comecem a identificar as letras do nome, fazemos sempre jogos onde há letras e eles vão buscar a letra... que corresponde ao nome deles. (...) Depois arranjámos uma pasta de dentes, cada um tem o nome aí, com o seu símbolo e eles identificam o símbolo à palavra.* (AL_3)

> *A improvisação de diálogos, a salada dos contos, uma mistura de contos em que eles desenvolvem muito a imaginação e a linguagem (...) jogarmos um bocado com o que é que provocou. Provocou uma nova palavra. Tem sentido ou não tem sentido? Então a palavra tem que ter sentido... dentro da própria frase (...) são as que eu chamo as frase com juízo.* (F_6)

Logo, a experiência que gozamos como falantes permite-nos conhecer novas palavras e quando conseguimos aproveitar e conquistar saberes sobre novos conteúdos, e assim alcançar novos conhecimentos, leva-nos a aumentar o nosso léxico mental com termos que a língua vai produzindo para revelar novas realidades tanto ao nível da *compreensão*, como da *produção*[26], sendo que o número de palavras que demonstramos compreender se poderá considerar superior ao que revelamos ter habilidade de utilizar.

Desde cedo que as crianças se encontram rodeadas de linguagem escrita e com ela se veem envolvidas. A sua participação em momentos de leitura e escrita permite-lhes desenvolver capacidades e fazer descobertas que a levam até às experiências funcionais e significativas sobre o que é a leitura e a escrita e, por conseguinte, como e para quê a linguagem escrita é utilizada. A criança tem oportunidade de se encontrar, de forma regular e sistemática, com a linguagem escrita e esse contato vem a acontecer em momentos diversificados do dia a dia, recebendo a influência das pessoas que a rodeiam e com quem convive, das suas rotinas e interesses. A compreensão e apropriação da utilização da linguagem escrita surge associada a adultos e colegas que rodeiam a criança, aos suportes de texto, recados, avisos, etiquetas, livros, revistas, filmes, embalagens, publicidade, nomes de objetos, ruas, clubes, marcas e ao seu próprio nome. Poderemos considerar que as oportunidades proporcionadas à criança permitir-lhe-ão receber estímulos para perceber algumas caraterísticas das suas produções escritas e do seu conhecimento sobre o processo da linguagem escrita

---

[26] Conforme afirma Duarte (2000: 68): "Existe uma assimetria entre o número de palavras que um falante é capaz de compreender (o seu *léxico passivo*) e o número de palavras que usa (o seu *léxico ativo*): o léxico passivo é sempre superior ao léxico ativo."

resultantes da experimentação e da forma como interpreta e aplica o tipo de conceções que atribui à escrita.

Esta aprendizagem sobre letras e a capacidade que a criança detém de se aperceber das características a elas associadas torna-se quanto mais significativa quanto for "feita em contexto a partir da escrita de nomes, de palavras ou de textos que lhe são significativos" como salienta Mata (2008: 37), permitindo-lhe envolver-se em tarefas de reflexão em torno da literacia e a "aperceber-se das suas características particulares e das convenções a elas associadas" continua Mata (2008: 37), tomando consciência da sua organização, regularidade, formas e funções a partir das oportunidades e experiências ganhas pela criança nas suas brincadeiras e interações que lhe permitem representar as suas ideias quer seja o desenho de objetos, seres ou letras.

Tal como Mata (2008: 43) ainda nos alude

> o grande objetivo da educação pré-escolar deve ser o de proporcionar oportunidades, para que todas possam ir explorando a escrita, brincando com a escrita, refletindo sobre a escrita e as suas convenções, de uma forma contextualizada, funcional e portanto significativa.

Poderemos, então, ter oportunidade de observar a forma organizada como a criança associa os fonemas ao grafema, as sílabas à palavra e aos sons e evolui na competência da consciência fonológica.

É nesta senda que as entrevistas realizadas mostram esta mesma ação por parte dos educadores ao organizarem a sua atividade diária com as crianças:

> *Por exemplo, formação de conjuntos ou de palavras divididas em sílabas, quantas sílabas tem; palavras que rimam com quê, dentro disso.* (AL_3)

> *(...) falamos de grafismos, a direção da escrita, diferenciamos a palavra dos números (...)* (AL_3)
>
> *(...) às vezes, as letras, faço as letras maiores e eles pintam as letras por dentro. Veem qual é o contorno de cada letra e às vezes de pequenas palavras porque eles começam a identificar algumas palavras.* (C_4)
>
> *(...) tenho ao lado um espaço da Língua Portuguesa que é onde os mais crescidinhos já vão fazendo vários jogos com letras, vão escrevendo, vão fazendo pequenas cópias com o dicionário de imagens e das palavras escritas.* (F_6)

Facultar um ambiente encorajador mas atento e respeitador das necessidades e solicitações da criança, com atividades diversificadas na sala e de apoio às brincadeiras, de forma lúdica, teremos de considerar associar prazer e componente lúdica aos desafios que vão conseguindo ultrapassar na aprendizagem, na infância. Referindo Mata (2008: 52), as crianças demonstram a aquisição de competências "nas suas brincadeiras ou na resolução de situações concretas, a criança envolve-se com a escrita (brincando com ela e tentando escrever), podendo recorrer a formas de registo diferenciadas, mais ou menos convencionais."

Estamos, assim, perante a sua capacidade de iniciativa em experienciar o código escrito com destreza e curiosidade ainda que de forma superficial.

Indubitavelmente, ressalta da leitura das nossas entrevistas que todos os entrevistados têm o domínio da língua portuguesa presente nas suas práticas pedagógicas. Aliás, é fácil perceber que, no jardim de infância, a língua portuguesa é uma constante, porém, todos eles têm em mente outros tipos de linguagem, além da oral, utilizados pela criança, as quais implicam o seu corpo, na generalidade ou em parte. Apresentam a esse propósito a linguagem gestual, a gráfica, a icónica, a musical, a dos números...

A criança dá sinais de comportamento gráfico, desde cedo, com a *fase da garatuja*, passando essa intenção para uma outra, a da imitação, que lhe permitirá a emergência da função simbólica e, posteriormente, a tentativa de representar o real. Ao ser capaz de compreender sinais gráficos desenhados ou escritos, o significante, e uma mensagem transmitida, o significado, a criança demonstra capacidade de representação. Decorre daí a planificação dos educadores por nós contactados. Leiamos as suas palavras a este respeito:

> *(...) vamos gradualmente com os grafismos(...) tenho uma caixa de areia onde eles fazem o grafismo e depois copiam-no para o papel e vice-versa. Tenho papéis, tenho cartolinas com os grafismos que eles fazem na areia.* (AL_3)

> *Procuro que todos os dias haja um momento em que seja destinado mais à Língua Portuguesa, embora esteja ligado às outras áreas curriculares (...)* (C_4)

> *Aqueles grafismos que normalmente se fazem(...) as crianças também sabem escrever o nome, aprendem a identificar algumas letras dentro de uma palavra.* (C_4)

> *Nós temos o caderninho dos recados (...). As crianças escreveram(...) escreveram(...) disseram palavras para eu escrever nas folhas e fizemos também um convite aos pais para nos ajudarem nessa tarefa.* (C_4)

> *(...) o diálogo e a reprodução de tudo o que vimos e ouvimos em forma de desenho, colagens e recortes.* (E_5)

> *É a partir da leitura e do desenvolvimento da linguagem e de tudo aquilo que acarreta que eles vão conseguir depois desenvolver todas as outras áreas.* (F_6)

> *(...) o gráfico de palavras com contagem das letras, o recorte de letras de jornais e revistas, são os tais suportes que são utilizados.* (F_6)

Considerar a criança como um ser social e de interação social, leva-nos a perceber que as descobertas que faz sobre a linguagem escrita são concebidas como um processo de apropriação que decorre das descobertas realizadas de forma sucessiva tanto em contextos informais como por influência dos conhecimentos construídos enquanto aprendentes ativos e sem que se aperceba ainda da mensagem associada a essa mesma escrita. Achamos na criança o início de um processo de descobertas significativas que a vão conduzir à aquisição de competências e saberes sobre a linguagem escrita, a partir de "garatujas e/ou formas tipo letra", citando Mata (2008: 9) e de sucessivas tentativas de reprodução.

As interações e o contacto precoce com a linguagem escrita, partilhadas com adultos e outras crianças, promovem de forma determinante o desenvolvimento das conceções e das aquisições que a criança faz e levam-na a apropriar-se da linguagem escrita.

Os estímulos e incentivos à reprodução das representações construídas pela criança levam-na a aperceber-se que a linguagem escrita contém uma mensagem e que esta se forma a partir de "convenções (por exemplo, letras corretas e orientação das letras e da escrita) e passam a utilizar a escrita (mesmo que nem sempre de modo formal) nas suas mais diversas funções" no apontamento de Mata (2008: 9), permitindo-lhe observar e perceber a forma como a linguagem escrita acontece, mesmo antes da sua entrada no ensino formal.

A partir dos interesses demonstrados pela criança, promove-se a ação estimulante da capacidade de tomada de decisão e de realização, tanto individual como em grupo, a fim de permitir à criança desenvolver processos de aprendizagem e de construção do conhecimento.

Nas entrevistas podemos encontrar, direta ou indiretamente, menção a este princípio. Vejamos:

> *Por exemplo, a rotina de acolhimento deverá ser considerada pelo educador como um espaço ótimo e propício à abordagem de diferentes conteúdos e conceitos. (...) Como educadora converso com as crianças sobre relações lógicas ou conceitos e utilizo a linguagem para troca de informação e para interação social.* (AM_1)
>
> *A mantinha é o nosso cantinho da conversa, que é onde nós conversamos e onde exploramos as histórias, tudo (...)* (AL_3)
>
> *Primeiro do que tudo são as nossas conversas, os diálogos, os meninos trazerem as experiências deles, as histórias, as poesias, as canções (...)* (E_5)
>
> *(...) é através das perguntas que se fazem, das perguntas divergentes e daquilo que sai do interesse da criança e promove-se depois nas rotinas diárias.* (F_6)
>
> *É no início do dia, na rotina (...) quando entram para a sala, ficam na roda e aí é que nós programamos o dia, em que se conta a história, se faz a exploração da poesia diária. Isso é diariamente o que se faz.* (F_6)

Um espaço organizado em áreas identificadas, etiquetadas e acessíveis com os seus respetivos materiais torna-se enriquecedor para a criança, pois permite-lhe um ambiente organizado, propício ao seu entendimento e pleno de mensagens verbais e não verbais, numa aprendizagem ativa, proporcionando a oferta de zonas diferenciadas ao nível das potencialidades educativas que cada uma delas pode oferecer, tanto espaços interiores como exteriores.

Todos os educadores por nós entrevistados foram unânimes na referência aos diferentes "cantinhos" que organizam o espaço da sala de atividades, bem como os placares utilizados para a divulgação dos trabalhos realizados pelas crianças:

> *O Cantinho da Leitura; Conversa no tapete.* (AM_2)
>
> *A mantinha é o nosso cantinho de conversa, que é onde nós conversamos e onde exploramos as histórias (...) partimos da mantinha e do cantinho da leitura.* (AL_3)
>
> *Normalmente é o tapete onde nos encontramos de amanhã ou nas almofadas onde nos reunimos (...). Quando está bom tempo fazemos isso à sombra de uma árvore ou no jardim ou até fora da escola.* (C_4)
>
> *Não quer dizer que seja um painel só para o português e um painel só para a matemática. As coisas estão organizadas dentro do mesmo painel, mas vê-se exatamente quais é que são de uma área e quais são doutra (...)* (C_4)
>
> *(...) temos o cantinho da leitura e que é o cantinho das conversas do grande grupo. (...) temos um espaço dedicado ao livro e de livre acesso.* (E_5)
>
> *(...) o espaço do cantinho da leitura (...) Mas também tenho ao lado um espaço da língua Portuguesa que é onde os mais crescidinhos já vão fazendo vários jogos com letras, vão escrevendo (...) o cantinho de palavras do dicionário ilustrado.* (F_6)
>
> *Tenho dois painéis, está mesmo dividido, a linguagem e a matemática, tenho-as separadas.* (F_6)

Para além da dimensão espacial, também temos a contemplar a dimensão temporal com a sequência das rotinas diárias, a organização dos momentos de experimentação e de interação com a sua apropriação por parte da criança. A previsibilidade destes tempos de rotina permite-lhe fazer escolhas, tomar decisões, participar nas ações e, desta forma, criar diferentes tipos de interação que sustentam comunicação e se mostram favoráveis ao desenvolvimento.

Igualmente significativos nesta análise das práticas educativas são os diferentes suportes de leitura que rodeiam a criança, o que mostra como é vasto o conjunto das composições ou de elementos de informação existentes a promover a descoberta da leitura.

É relevante salientar práticas recorrentes como aquelas que são elencadas pelos educadores que colaboraram neste trabalho: livros, imagens, biblioteca da escola, biblioteca municipal, "*a caixa de livros que vem da biblioteca*" (C_4), jornais, revistas, "*tudo aquilo que encontramos e em que eles* [crianças] *podem contactar com a letra e com a palavra.*" (F_6).

A emergência das competências da leitura vai-se estruturando como um processo gradual e complexo e o envolvimento da criança em atividades que proporcionem oportunidades de leitura mostra-se importante e essencial não só para desenvolver as suas conceções sobre as finalidades da leitura e de escrita como também para desenvolver, de forma regular, e a seu modo, ações e comportamentos essenciais de, como nos diz Mata (2008:70), "pequeno leitor envolvido" que se caracteriza de forma diferenciada de criança para criança mediante o tipo de influência recebida e oportunidades a que teve acesso ou que lhe foram proporcionadas.

Assim, de forma gradual, tal como é referido por Mata (2008: 14), a criança vai ampliando a sua perspetiva acerca do processo de leitura e escrita e, consequentemente, mostrando compreender "como e com que objetivos a linguagem escrita é utilizada" e passando a revelar motivação e propósitos associados à sua participação nas muitas atividades com que contacta no seu dia a dia. Estas surgem ligadas tanto a momentos de lazer como a momentos orientados pelo adulto, isto é, em ambientes estimulantes em que seja possível proporcionarem oportunidades de observação, interação e exploração de leitura escrita.

Conclusão

A Educação Pré-Escolar é uma etapa decisiva na vida das crianças. É nesse momento que se promovem estratégias de aprendizagem para que cada criança consiga estruturar o seu pensamento e as suas ideias. Este princípio, tão verdadeiro, não nos permite esquecer que as crianças estão numa faixa etária em que tudo é facilmente embebido por estas e, simultaneamente, carecem de um acompanhamento à altura de aproveitar todo este manancial que poderá ser vital para a construção de cidadãos mais atentos ao mundo que os rodeia.

Para a criança dominar a Língua Portuguesa, num processo que se pretende contínuo, necessita de ser estimulada e preparada para adquirir competências que lhe permitam a aprendizagem de conceitos e normas essenciais à organização do pensamento e do discurso, levando-a a construir as suas ideias sobre o que pensa, conhece e sente. Conquistar e desenvolver a linguagem envolve muito mais do que conhecer e usar palavras novas. É ser capaz de interagir com os outros através de um sistema linguístico, comum a toda a comunidade onde está inserida.

A educação pré-escolar permite que a criança comece a moldar competências e habilidades sociais, para que a sua entrada no ensino formal corresponda a um momento em que comece a aplicar os saberes anteriormente adquiridos e, de forma integrada, os utilize face a cada situação que se lhe depare, em espaço de ação educativa, de aprendizagens diversificadas e fundamentais para o desenvolvimento de competências.

Referências

BOGDAN, R. e BIKLEN, S. (1994). *Investigação Qualitativa em Educação*. Porto: Porto Editora.

CARMO, H. e FERREIRA, M. M. (1998). *Metodologia de Investigação – Guia para Auto-Aprendizagem*. Lisboa: Universidade Aberta.

Decreto Lei nº 207/96, de 2 de novembro, DR – I série-A, nº 254 de 2/11/1996, estabelece o regime jurídico da formação contínua de professores e define o respetivo sistema de coordenação.

Decreto Lei nº 344/89, de 11 de outubro, define o ordenamento jurídico da formação inicial e contínua dos educadores de infância e dos professores dos ensinos básico e secundário.

DUARTE, I. (2000). *Língua Portuguesa, Instrumentos de Análise*. Lisboa: Universidade Aberta.

HORTA, M. H. (2010). *A linguagem escrita no processo de transição entre a educação pré-escolar e o 1.º ciclo do ensino básico: representações de educadores e de professors*. Dissertação de mestrado, Universidade de Huelva, Departamento de Educação, especialidade de Ciências da Educação, mestrado em Educación Intercultural. Disponível em <http://hdl.handle.net/10400.1/895>, Acesso em 21/06/2015.

http://dre.pt/pdf1sdip/1997/06/133A00/28282834.pdf, Decreto-Lei nº 147/97, de 11 de junho, Acesso em 13/1/2013.

http://dre.pt/pdf2sdip/2012/04/077000000/1395213953.pdf, Acesso em 18/05/2015.

http://dre.pt/pdfgratis2s/2012/04/2S082A0000S02.pdf, Despacho nº 5634-F/2012 - Reorganização da Rede Escolar, Acesso em 13/1/2013.

http://metasdeaprendizagem.dge.mec.pt/educacao-pre-escolar/metas-de-aprendizagem/, Acesso em 4/4/2013.

http://metasdeaprendizagem.dge.mec.pt/sobre-o-projecto/apresentacao/, Acesso em 6/4/2013.

http://metasdeaprendizagem.min-edu.pt/educacao-pre-escolar/metas-de-aprendizagem/, Acesso em 4/10/2010.

http://ri.uepg.br:8080/riuepg/bitstream/handle/123456789/243/ARTIGO_TeoriaBasilBernstein.pdf?sequence=1, Revista

Teias v.11, nº. 22, xxx-yyy. maio/agosto 2010, Acesso em 18/05/2015.

http://sibme.min-edu.pt/ipac20/ipac.jsp?session=135YX5I944523.1142473&menu=tab22&aspect=subtab102&npp=20&ipp=20&spp=20&profile=dgidc-bd&ri=&index=.TW&term=linguagem+e+comunica%C3%A7%C3%A3o&limitbox_1=LOC01+%3D+DGIDC&limitbox_2=COL01+%3D+0407&limitbox_4=ITP01+%3D+AV&aspect=subtab102&x=60&y=5#focus_ – Brochura Linguagem e Comunicação no Jardim-de-Infância, Acesso em 09/12/2012.

http://unesdoc.unesco.org/images/0008/000862/086291por.pdf, Acesso em 25-05-2015.

http://www.cnedu.pt/files/cnepareceresmodule/Parecer_2_1995.pdf?phpMyAdmin=nWb0ZYNY47nSvifA8BSCc4NedFa, Acesso em 29/10/2012.

http://www.dges.mctes.pt/NR/rdonlyres/84F15CC8-5CE1-4D50-93CF-C56752370C8F/5931/DL25599.pdf, Acesso em 18/05/2015.

http://www.dgidc.min-edu.pt/educacaoinfancia/index.php?s=directorio&pid=17 – Guião de Género e Cidadania Pré-Escolar, Acesso em 26/11/2012.

http://www.dgidc.min-edu.pt/index.php, Acesso em 09/12/2012.

http://www.dre.pt/pdf1s/1977/02/02600/01740174.pdf, Lei nº 5 / 1977 – Sistema Público da Educação Pré-Escolar, Acesso em 12/12/2012.

http://www.ige.min-edu.pt/upload/Legisla%C3%A7%C3%A3o/Dec_Lei_115-A_98.pdf, Acesso em 21/06/2015.

http://www.planonacionaldeleitura.gov.pt/escolas/uploads/formacao/brochura_david.pdf, Acesso em 6/4/2013.

https://dre.pt/application/dir/pdf1sdip/2009/08/16600/0563505636.pdf, Lei n.º 85/2009 de 27 de agosto, Acesso em 31/05/2015.

Lei nº 46/86, de 14 de outubro, DR – I Série, nº 237 de 14/10/1986, *Lei de Bases do Sistema Educativo.*

LÜDKE, M. e ANDRÉ, M. (1986). *Pesquisa em Educação: Abordagens Qualitativas.* São Paulo: Editora Pedagógica e Universitária.

MATA, L. (2008). *A Descoberta da Escrita – Textos de Apoio para Educadores de Infância.* Lisboa: ME–DGIDC.

PEREIRA, I. S. P. & VIANA, F. L. (s/d) Aspectos da didáctica da vertente oral da língua materna no jardim de infância e no 1º Ciclo do Ensino Básico – algumas reflexões. Disponível em <http://repositorium.sdum.uminho.pt/bitstream/1822/4260/1/Did%25C3%25A1cticaOralidade.pdf > Acesso em 13-1-2013.

QUIVY, R. e CAMPENHOUDT, L. (2005). *Manual de Investigação em Ciências Sociais.* Lisboa: Gradiva.

RIBEIRO, C. (2003). *Metacognição: um Apoio ao Processo de Aprendizagem. Psicologia. Reflexão e Crítica,* 16, 109-116.

ROCHA, E. A. C. (2000). A Pedagogia e a Educação Infantil. *Revista IberoAmericana de Educación,* 22, 61-74. Disponível em <http://www.rieoei.org/rie22a03.PDF > Acesso em 12/12/2012.

SILVA, M. I. *et al.* (1997). *Orientações Curriculares para a Educação Pré-Escolar.* Lisboa: Ministério da Educação.

UNESCO (1990) World Declaration on Education for all and Framework For Action on to meet Basic Learning Needs Adopted by the World Conference on Education for Meeting Basic Learning Needs. Jomtien, T h a i l a n d, 5-9 March 1990. Disponível em

<http://www.unesco.org/education/pdf/JOMTIE_E.PDF> Acesso em 25-05-2015.

VASCONCELOS, T. (2000). Educação de Infância em Portugal: Perspectivas de Desenvolvimento num quadro de Posmodernidade. *Revista IberoAmericana de Educación*, 22, 93-115. Disponível em <http://www.rieoei.org/rie22a05.PDF > Acesso em 12/12/2012.

VASCONCELOS, T. (2007). A importância da educação na construção da cidadania. *Saber (e) Educar,* 12, 109-117. Disponível em <http://repositorio.esepf.pt/handle/10000/18 > Acesso em 25-05-2015.

www.ingramcontent.com/pod-product-compliance
Lightning Source LLC
LaVergne TN
LVHW011426080426
835512LV00005B/291